Max Kalbeck

Neue Beiträge zur Biographie des Dichters Johann Christian Günther

Max Kalbeck

Neue Beiträge zur Biographie des Dichters Johann Christian Günther

ISBN/EAN: 9783743602663

Hergestellt in Europa, USA, Kanada, Australien, Japan

Cover: Foto ©Thomas Meinert / pixelio.de

Weitere Bücher finden Sie auf **www.hansebooks.com**

Neue Beiträge

zur

Biographie des Dichters

Johann Christian Günther

nebst einem Anhange,

welcher die wichtigsten handschriftlichen Inedita
der Breslauer Stadtbibliothek enthält.

Herausgegeben

von

Max Kalbeck.

Leipzig,
Druck und Verlag von Breitkopf und Härtel.
1879.

Vorwort.

Johann Christian Günther, der letzte jener älteren Schlesischen Poeten, welche, mit Martin Opitz an der Spitze, ein neues Zeitalter der deutschen Literatur inauguriren, ist, seitdem Goethe[1]) das Andenken des Halbvergessenen liebevoll wieder erneuert, bis auf den heutigen Tag Gegenstand historischer Forschungen und kritischer Untersuchungen gewesen. Seine Stellung als nationaler Dichter hat sich im Laufe der Zeit nicht unwesentlich geändert, wie auch das bei aller warm durchleuchtenden Verehrung doch einseitig zu nennende Urtheil unseres Dichterfürsten seiner nachträglichen Correctur nicht entgehen sollte. Denn Günther, der noch von Gervinus[2]) sehr übel abgefertigt und den Wasserpoeten der höfischen Gelegenheitsrichtung ohne Weiteres beigezählt wird, so daß hiernach, wie der

---

1) „Wahrheit und Dichtung II. Theil VII. Buch p. 81 (Ausg. von 1829).

2) Geschichte der deutschen Dichtung. III. p. 494 (Ausg. von 1853.)

Autor sich ausdrückt, von einem ästhetischen Antheil an seiner Poesie kaum mehr die Rede sein könne, ist in der Schätzung der literargeschichtlichen Kritik so erheblich gestiegen, daß wir ihn heute, wenn nicht als den Vater der classischen, in Goethe vollendeten Lyrik, so doch als den unmittelbaren Vorläufer jener gewaltigen geistigen Umwälzung des achtzehnten Jahrhunderts ansehen, die sich durch Sturm und Drang zur Vollendung einer naturwahren und formschönen Poesie hindurchgearbeitet.

Wer die Gedichte Günthers[1]) aufmerksam gelesen und das, was sie an biographischem Material enthalten, mit den Monographien verglichen hat, die über den Dichter geschrieben worden sind, wird zu der Ueberzeugung gekommen sein, daß es noch keinem seiner Bearbeiter gelungen ist, ein richtiges, auch nur in den Hauptzügen deutliches und zutreffendes Bild von dem Lebensgange Günthers zu entfalten. Während die Einen gerade bei den wichtigsten Momenten von ihrem kritischen Scharfblick sich verlassen fanden, ließen die Anderen der Willkür ihrer Phantasie allzusehr die Zügel schießen und gefielen sich, durch das Abenteuerliche ihres Gegenstandes angezogen, in der Composition eines Romans,

---

1) Ueber die verschiedenen Ausgaben siehe: Goedekes „Grundriß zur Geschichte der deutschen Dichtung."

welcher auf Glaubwürdigkeit keinen Anspruch mehr erheben konnte. Alle jedoch standen sie bewußt oder unbewußt unter dem verderblichen Einflusse Dr. Steinbachs, des ersten Günther-Biographen, und bemerkten entweder nicht, wie unlauter die Quelle sei, aus der sie schöpften, oder vermochten nicht, wo sie es bemerkten, von der ihnen einmal beigebrachten Meinung sich völlig frei zu machen. Daß ein Zeitgenosse des Dichters, der sich zum Theil auf authentische Zeugnisse berufen durfte, trotzdem ein sehr unzuverlässiger Gewährsmann sein könne, sollte allerdings bald wahrgenommen werden; aber die von Jenem in Umlauf gesetzten Irrtümer hatten doch soviel Kraft, daß sie bis auf diesen Tag ihr Ansehen behaupteten, und es bedurfte erst einer eigenen wissenschaftlichen Untersuchung, um Steinbach die gebührende Abfertigung angedeihen zu lassen [1]).

Was wir in Folgendem zur Rectification der Biographie Günthers beitragen, beruht theils auf den Ergebnissen persönlicher Anschauungen und Beobachtungen, theils auf dem Studium neuer bisher unbekannt gebliebenen Urkunden, die hier zum ersten Male aus Licht der Oeffentlichkeit gezogen werden. Auf der

---

[1]) Gustav Eitner: Christian Günthers Biograph Dr. Steinbach von Breslau und die Gottschedianer. Breslau 1872. Progr.

Stadtbibliothek zu Breslau befindet sich eine von Arletius[1]), ehemaligem Rector des Elisabetgymnasiums,
der Stadt überwiesene Sammlung Günther'scher Ori-
ginalmanuscripte, von deren Vorhandensein nur Wenige
wußten. Der Urbanität der Bibliotheksverwaltung,
insbesondere dem freundlichen Entgegenkommen ihres
hochverdienten Directors Hrn. Dr. Hermann Mark-
graf und seines Collegen des Hrn. Dr. Frenzel
verdanken wir die Möglichkeit jene Handschriften wissen-
schaftlich zu verwerthen. Wir haben uns vorläufig
auf die Mittheilung des Wichtigsten und Kennenswer-
thesten beschränkt und behalten uns das Uebrige für
eine ausführlichere Arbeit vor, der das hier Vorausge-
schickte zur Grundlage dienen soll.

Breslau, Juli 1879.

Max Kalbeck.

---

[1] Johann Caspar Arletius, geb. 1707 b. 1. Oktober, † 1787 d. 24. Januar als Rector des Elisabetgymnasiums zu Breslau; Sammler und Herausgeber Schlesischer Dichter. Lebenslauf von Scheibel, Breslau 1789. Dort ist p. 16 zu lesen: „Er sammelte die Reliquien Günthers, der die letzte Epoche in der Schlesischen Dichtkunst gemacht hatte, und gab sie, doch ohne seinen Namen, als Nachlese Breslau 1741 gr. 8 auf 226 Seiten heraus, von welcher 1751 eine neue Ausgabe besorgt ward." Nach seinem Tode gingen die Günther'schen Manuscripte in den Besitz der v. Rhediger'schen Stadtbibliothek zu Breslau über.

Inhalt.

		Seite
A.	Günther's Geburtsjahr und Lebensalter.	1
B.	Die Chronologie der Gedichte.	7
C.	Tradition und Kritik.	20
D.	Günther und Leonore.	30
E.	Anhang. Inedita.	43
	I. Brief in Versen mit einem lateinischen Postscript.	43
	II. Das Dresden-Breslauer Taschenbuch 1718—20.	51
	III. Das Landeshuter Taschenbuch 1722.	56
	IV. 14 lateinische und deutsche Briefe in Prosa.	64
	V. Günthers Vertheidigungsschrift gegen den Magister Fritsche.	82

Abkürzungen.

G. bedeutet „Gedichte." N. „Nachlese."

Wir citiren nach der letzten von Feffel veranstalteten Gesammtausgabe der Günther'schen Gedichte 1751, die mit den früheren Auflagen von 1739, 1742 u. 1746 übereinstimmt, und nach der zweiten 1751 erschienenen Ausgabe der „Nachlese."

Bei der Kritik der Chronologie haben wir unter dem Buchstaben T. die in der Tittmann'schen Auswahl gebrauchten Nummern beibehalten.

A.

Günther's Geburtsjahr und Lebensalter.

Johann Christian Günther ist am 8. April 1695 und nicht wie Tittmann[1]) behauptet, 1698 in Striegau geboren und in der evangel. Kirche zu Grän(o)witz, 3 Stunden von Striegau entfernt, getauft worden. Eine Verwechselung der Zahlen 8 und 5 ist schon deshalb hier ausgeschlossen, weil die Kirchenbücher nach Jahrgängen geführt werden. Im Grän(o)witzer Kirchenbuche steht unter dem Jahrgang 1695 wörtlich Folgendes:

„Aprily: den 8. früh gebohren, den 9. Johann Christian getauft; der Hr. Vater war Johann Günther Doctor med. in Striga. Pathen sindt: Frau Anna Rosina und Hr. Carl Christian von Roth auf Hann-

---

1) „Deutsche Dichter des XVII. Jahrhunderts." Herausgegeben von Karl Goedeke u. Julius Tittmann. Leipzig. Brockhaus 1874. VI. Bd. p. VI. und „Encyclopädie der Wissenschaften und Künste." Herausg. von Ersch u. Gruber. Ebend. 1879. Theil 97. p. 335.

dorff (identisch mit Halbendorf)¹) und Hr. George Hänel Pfarrer allhier."

Steinbach²) nennt an Stelle der Frau von Roy die Frau Anna Eleonora von Richthofen. Dieselbe hat jedoch nicht Günther, sondern dessen Schwester, die im Jahre 1698 geboren wurde, aus der Taufe gehoben. In demselben Grän(o)witzer Kirchenbuche findet sich nämlich aus dem Jahre 1698 die Notiz: „den 11. Mart: Hr. Johann Günther Medicus zu Striga eine Tochter, und den 12. Johanna Eleonora getauft. Die Pathen sind Tit. Hr. Roy, Hr. auf Halbendorff, Tit. Frau Anna Eleonora v. Richthoffen, Frau auf Rauske und Hr. George Hänel, Pfarrer allhier."

Aus diesen zuverlässigen Angaben geht die Unhaltbarkeit der Tittmann'schen Hypothese, Günther sei mit 26 Jahren gestorben, hervor. Steinbach sagt zwar, er habe „von sicherer Hand" das Jahr 1698 als Günther's Geburtsjahr erhalten, und beruft sich auf das Zeugnis des alten Günther, bringt aber außerdem ein Attest des damaligen Pastors von Grän(o)witz bei, das sich mit den obigen Daten in der Hauptsache deckt, und citirt später (p. 105) bei Feststellung der Zeit, in welcher Günther das Deprecationsgedicht an seinen Vater abgefaßt, im Gegen-

---

1) Hr. Peterwitz, Lehrer in Gränwitz, dem wir durch die Bemühung des Hrn. Dr. Rob. Rößler in Striegau diese Notizen verdanken, bemerkt, daß Hanndorf und Halbendorf dasselbe seien, da die Landleute bis auf diesen Tag das bez. Dorf Hanndorf oder Honndorf nennen.

2) Joh. Christian Günther's, des berühmten Schlesischen Dichters Leben und Schriften. Gedr. in Schlesien 1738. p. 4.

satz zu seiner früheren Aussage naiv genug die Stelle: „Mein Gehorsam wie du weißt, hat dir zwanzig Jahr gefallen" (G. p. 864) hinzufügend: „Das ist bis 1715, als er auf Wittenberg ging."

Auch andere Stellen in den Gedichten, die sich auf sein Alter beziehen, widersprechen unseren Notizen ganz und gar nicht, vielmehr bestätigen sie dieselben in jeder Hinsicht. Tittmann meint, Günther selbst weise auf das Jahr 1698 hin, und bezieht sich auf den Passus (G. p. 119):

> „Dir bescheidet meine Bahre,
> Die kaum sechsundzwanzig zählt,
> Jenen Rest der Lebensjahre,
> Der mir noch zum Alter fehlt."

„Die Abschiedsgedanken bei Gelegenheit einiger schweren Leibeszufälle" sind jedoch nicht, wie Tittmann glaubt, in Günther's Todesjahr zu Jena, sondern zu Landeshut 1722 entstanden. Unter den Tagebuchnotizen des zweiten handschriftlichen Taschenbuches[1] lesen wir die Anmerkung: „Carmen vor Hr. v. Beuchel abgeschrieben; meine Abschiedsode an die Welt item an ihn gemacht"; und weiter unten auf dem nämlichen Blatte: „Abzuschreiben: du (oder das) unverhofftes Todeszeichen (aus dem) rothen Büchel". Mit der Abschiedsode an die Welt, die Günther für Hrn. v. Beuchell gemacht, kann kein anderes Gedicht gemeint sein als das in Rede stehende, welches beginnt: „Bei so nahen Todeszeichen". Es enthält die zu Ehren Beuchell's gedichtete Strophe:

---

[1] Siehe Anhang: Inedita III 1 q u. w.

„Geh und suche besser Glücke
Und ein würdig Haus vor dich!
Sieh nur, was ich hier erblicke:
Beuchells Herz eröffnet sich,
Zeuch allhier mit einem Segen
Und mit der Versichrung ein:
Günther hoffe deinetwegen
Seiner Freundschaft werth zu sein."

Außer Beuchell werden in demselben Gedicht Breßler[1]), Kluge[2]), Scharff[3]) und Mencke[4]) „als Väter seiner armen Pierinnen" gepriesen. Breßler war aber schon im Oktober 1722 gestorben, und Günther hatte ihm einen poetischen Nachruf gewidmet (G. p. 800). Als die erwähnte Abschiedsode verfaßt wurde, war er gleich den anderen Patronen noch am Leben. Daß der Dichter 1722 sagt, er sei kaum sechsundzwanzig alt, wo er das siebenundzwanzigste Jahr schon erreicht hatte, ist eine Licenz, die er sich der Bequemlichkeit wegen erlauben durfte. „Siebenundzwanzig" hätte nicht in die glatten Trochäen hineingepaßt.

Zum Ueberflusse bringen wir noch eine Stelle bei,

---

1) Ferdinand Ludwig v. Breßler u. Aschenburg, Kais. Rath und Rathmann der Stadt Breslau und Unter-Kämmerer, gab 1708 eine Uebersetzung von Vallemont's „Merkwürdigkeiten der Natur und Kunst" heraus.

2) Christian Kluge, Commercienrath in Landeshut.

3) Gottfr. Balthasar Scharff, der geistliche Liederdichter und Verfasser der Anthologie „Schlesischer Helikon" (1699), geb. zu Liegnitz 1676, † zu Schweidnitz als Pastor 1744.

4) Burchard Mencke (Philander v. d. Linde 1674—1732) Professor an der Universität u. Vorsteher der „deutschen Gesellschaft" zu Leipzig.

die Tittmann bei seiner Rechnung gar nicht in Betracht gezogen. Das Carmen auf die Mäntler'sche Hochzeit vom 15. Sept. 1718 (G. p. 450) hebt an:

„Geschlagne Vaterstadt, erlaubt dein heißer Schmerz,
Und hat die wilde Glut dein altes Mutterherz,
Woran ich vierzehn Jahr den Liebesschlag bekommen,
Nicht wie der Wind den Rauch mir mit davon genommen."

Günther kam im Jahre 1709 an die eben gegründete evangelische Gnadenschule nach Schweidnitz. Fiele nun das Datum seiner Geburt in das Jahr 1698, so hätte seine Aufnahme daselbst erst 1712 erfolgen können, was thatsächlich nicht der Fall war, da er schon 1710 am 6. März dem Pastor Fuchs zu seinem Namenstage gratulirte (G. p. 901). Auf dasselbe Resultat läuft die von Steinbach mit kurzsichtigem Unverstande citirte Stelle aus dem Deprecationsgedicht, die wir bereits angezogen, hinaus.

Es steht also fest, daß Günther 1695 geboren worden; daß er erst im fünfzehnten, nicht im zwölften Jahre, nach Schweidnitz gekommen ist, daß er als zwanzigjähriger Abiturient 1715 die Wittenberger Universität bezog, und daß er, als er am 15. März 1723 zu Jena starb, das 28. Lebensjahr beinahe vollendet hatte. Demgemäß bedarf auch die unter seinem Bilde in der sechsten Ausgabe der Gedichte (1764) befindliche Inschrift einer Correctur.

Der alte Günther hat, laut einer dem Kirchenbuche der evang. Kirche zu Striegau durch Herrn Kantor Zimmer entnommenen Notiz, seinen Sohn um zwei und zwanzig Jahre überlebt. Dort steht geschrieben:

Anno 1745.

„Den 8 November ist gestorben Tit. Herr Johann Günther, alter berühmter Medicinae Practicus allhier. Er hat in zweyfacher Ehe gelebet 34 Jahr, darinnen gezeuget 1 Sohn und 3 Töchter, ein Wittiber ist er gewesen 24 Jahre. Sein gantzes Alter hat er in dieser Sterblichkeit gebracht auff 86 Jahr, weniger 7 Wochen und etliche Tage, und ist den 11 Dito mit der gantzen Schule und einer Leichen-Predigt allhier begraben worden." (sic!)

Daraus folgt, daß der alte Günther 1659 geboren ist, daß er, ein oder zwei Trauerjahre angenommen, 1685 oder 1686 zum ersten Male, 1694 zum zweiten Male sich verheirathet hat. Zwei der im Kirchenbuche erwähnten Töchter gehören wahrscheinlich der ersten Ehe an und sind früh gestorben. Unser Dichter, der Erstling zweiter Ehe, erwähnt neben seiner Mutter nur eine Schwester (N. p. 54), Mutter und Schwester aber noch 1723 in den „Letzten Gedanken" (G. p. 839).

„Arme Mutter! die du jetzt mein entferntes Grab bethränest,
Und vielleicht den kranken Leib auch schon an die Bahre lehnest,
Nimm samt meiner lieben Schwester eine kurze gute Nacht,
Weil die Wehmuth des Gemüthes Reim und Kiel zu Schanden macht."

Die Mutter ist nach unserer Berechnung ihrem Sohne fünf Jahre später (1728) ins Grab gefolgt. Der alte Günther hat dann noch siebzehn Jahre als einsamer Wittwer zugebracht. Beim Tode der zweiten Frau war er 69 Jahre alt.

B.
Die Chronologie der Gedichte.

Tittmann hat eine chronologische Ordnung der Günther'schen Gedichte versucht und hierbei sich auf eine Auswahl beschränkt, die den Dank des modernen Lesers ohne Frage verdient. Alles was an die schlechten Gewohnheiten der damaligen Zeit erinnert, ist fortgeblieben, und wir begegnen nirgend jener, nicht mit Unrecht sprüchwörtlich gewordenen „Günther'schen Rohheit" oder dem Bombast und Schwulst, von welchem der Dichter, insofern er unter dem Einflusse der beiden Schlesischen Schulen stand, sich nicht völlig freimachen konnte. Letzteres ist, nebenbei bemerkt, nur in den ersten Jahren seiner Production der Fall gewesen; später hat seine Poesie sich sowol von der Nützlichkeitstheorie des gelehrten, aber langweiligen Opitz als von der aufgebauschten, mit falschen Edelsteinen beladenen süßlich-sinnlichen Aftermuse der Lohenstein und Hoffmannswaldau mit reformatorischem Bewußtsein losgesagt (G. p. 387 u. 376).

Außer der von jedem Verständigen zu billigenden Rücksicht, die der Herausgeber auf ein empfindsames Publicum genommen, mag bei seiner Musterung auch die Rücksichtnahme auf den Umfang seiner Publication von Entscheidung gewesen sein. Wir hätten sonst wol nicht die Abwesenheit von Gedichten zu beklagen, die durch ihren hohen poetischen Werth ausgezeichnet sind, ohne daß sie den Richterstuhl der Moralität zu scheuen brauchen. Geht auch unsere Vorliebe für Günther nicht so weit, daß wir ihn entweder vollständig mit a l l e n seinen Fehlern und Schwächen oder gar nicht haben wollen, obwol wir meinen, daß einem getreuen Bilde die c h a r a k t e r i s t i s c h e n Unregelmäßigkeiten und Schatten des Originals nicht fehlen dürfen, so müssen wir doch bedauern, daß Tittmann eine Seite der Günther'schen Poesie gänzlich unberücksichtigt gelassen: die satirische. Gerade die Satire, der Günther oft zu seinem Unheil die Zügel schießen gelassen, giebt einen der eigenthümlichsten Züge seines Talents ab, und wir können nur unter Vorbehalt dem Urtheil des Herausgebers beipflichten, daß die Strafgedichte, „mögen sie immerhin als Ausdruck eines scharfen Blicks für Thorheiten und Schwächen und wegen ihres treffenden Witzes und leichten Vortrages den Leser flüchtig erheitern, heute kein weiteres Interesse bieten, da sie nicht einmal ein allgemein gültiges Bild der Zeit geben" (T. LXVI). Mehrere der Episteln und Satiren, die Günther bei Gelegenheit von Promotionen und Hochzeiten guter Freunde geschrieben, hätten unverkürzt und unbeanstandet ihren Platz in der Auslese verdient; andere wären vielleicht in Bruchstücken oder Auszügen einzureihen gewesen. In ihnen allen spricht sich die Welterfahrung, Menschenkenntnis und freie Lebensanschauung des Dichters, seine Eigenart in der Erfassung gemeiner Zustände wie die Ursprünglichkeit und Superiorität seines auf die höchsten Ziele der Kunst und Wissenschaft gerichteten Geistes am deutlichsten aus. Dahin rechnen wir die meist wohlgezielten Spöttereien über renommistische Studenten, armselige Versedrechsler, dünkelhafte Silbenstecher, heuchlerische Pfaffen, kurpfuschende Medicaster und andere Narren, die zu allen Zeiten ungestraft in Wissenschaft, Kunst und Leben umherlaufen. Treffende Witze stehen nicht so wohlfeil im Preise, daß man sie ohne Not unterdrücken darf. Ein Gedicht z. B. wie „Das wider viele ungegründete Vorwürfe vertheidigte Frauenzimmer" (G. p. 424), in welchem der Dichter als Vorkämpfer für eine vernünftige Emancipation der Frauen mit schneidigen Waffen des Witzes auftritt, sollte in keiner Sammlung seiner Poesien fehlen. Wie ergötzlich und lebenswahr ist die Schilderung, die Amarillis von ihren unglücklichen Liebhabern entwirft, — charakteristisch für die damalige wie für alle Zeiten!

Seine Auswahl der Günther'schen Gedichte hat Tittmann in vier Bücher getheilt, deren jedes einer der vier Hauptperioden in des Dichters Leben entsprechen soll. Es kam darauf an, mit dem poetischen Tagebuche in der Hand, den vielverschlungenen, oft dunkeln Wegen des fahrenden Poeten nachzugehen, um die Uebereinstimmung zwischen Biographie und Poesie, zwischen Wahrheit und Dichtung festzustellen und nachzuweisen. Als bekannte und sichere Hauptstationen wurden dabei für die Jugendzeit mit ihrem Schüler-, Liebes- und Studentenleben: Striegau, Schweidnitz und Wittenberg (1695—1717), für die Zeit der ersten Erfolge und geistigen Reife: Leipzig und Dresden (1717—1719), für die Heimkehr und den zweiten Aufenthalt

in Schlesien: Borau, Breslau und Lauban (1719—
1720), für das Wanderleben, den zweiten Abschied aus
der Heimat und Tod: Kreuzburg, Hirschberg, Schmiedeberg, Landeshut und Jena (1720—1723) im Auge behalten, und das poetische Material nach den gegebenen
Haltpunkten hin geordnet. Wer die in den Ausgaben
der Günther'schen Gedichte herrschende willkürliche Ver-
worrenheit kennt, die Alles kunterbunt durcheinander
wirft, wird der mühsamen, mit vielem Scharfsinn aus-
geführten Arbeit des gelehrten Herausgebers seine An-
erkennung nicht versagen. Ebensowenig aber darf ver-
schwiegen werden, daß Tittmann gleich seinen Vorgän-
gern Hoffmann v. Fallersleben [1]) und Otto Roquette [2]),
obwol er sie an Gründlichkeit und Gewissenhaftigkeit
der Kritik weit übertrifft, doch nicht immer genau an
die von Günther selbst gegebenen einzig sicheren Re-
lationen sich gehalten hat, sondern aus Liebe zu der
Construction seines Romans einige ungelöste Wider-
sprüche beiseite gelassen, andere stillschweigend aus dem
Wege geräumt hat. Auch er stand noch unter dem Einflusse Steinbachs.

Gegen die chronologische Ordnung machen wir
folgende Einwände geltend. Die dem ersten Buche zu-

---

1) Joh. Christian Günther. Ein literarhistorischer Versuch
von Dr. Heinrich Hoffmann. Separatabdruck aus den „Schlesischen Provinzial-Blättern" Breslau 1832.

2) Leben und Dichten Joh. Christian Günther's. Von Otto
Roquette. Stuttgart. J. G. Cotta'scher Verlag. 1860.

geschriebenen Gedichte T. 6 („Als er ins geheim liebte"), T. 7 „Als er seine Liebe nicht sagen durfte") und T. 8 („Als er das was er liebte, entbehren mußte") scheinen uns ihres melodischen Tonfalls und der Ungezwungenheit ihres Ausdrucks wegen einer späteren Zeit anzugehören, etwa dem Jahre 1718 oder 1719 und auf Leipzig oder Breslau hinzuweisen. Sie verrathen den auf der Höhe seines Könnens angelangten Meister der lyrischen Kunst und stechen ziemlich auffällig von den aus Schweidnitz datirten ab, die noch an einer gewissen Ungelenkheit der Form und Geschraubtheit der Sprache leiden. Man vergleiche nur die in der Schultragödie[1]), in den Gelegenheitsgedichten[2]) und auch in verschiedenen Cantaten, Sonetten und Madrigalen geführte hochtrabende Redeweise mit diesen einfachen und natürlich vorgetragenen Liedern! Günther hat seinen Abscheu vor den poetischen Sünden seiner Jugend wiederholentlich an den Tag gelegt, nachdem er erkannt hatte, daß der Poesie wahres Wesen mit der manierirten Affectation der geläufigen Schuldichterei nichts gemein habe.

„Erinnre dich dabei, so schlecht ich auch gelehrt,
Was eigentlich vor Schmuck in unsre Kunst gehört;
Nicht rauschend Flittergold noch schwülstige Gedanken,
Nicht Schlüsse, die mit Gott und guten Sitten zanken,

---

[1]) Die von Theodosio bereuete und von der Schuljugend vor Schweidnitz d. 24. Sept. 1715 vorgestellete Eifersucht (G. p. 957).

[2]) G. p. 902, 905, 947, 1059.

Noch anbres Puppenwerk, das schlechte Seelen fängt.
Vor diesem hab' ich zwar auch mich damit gekränkt
Und mancher Magdalis mit ausstudirten Griffen
Aus Amor's Contrapunkt ein Ständchen vorgepfiffen.
Da drechselt' ich mit Fleiß auf einer hohen Spur
Wort, Silben und Verstand auch wider die Natur;
Denn wollt' ich dazumal ein schönes Kind beschreiben,
So ließ ich ihren Mund mit Scharlachbeeren reiben." (G. p. 376.)

Könnten jene drei aus einer und derselben Grundstimmung hervorgegangenen Lieder nicht an Frau von Breßler gerichtet sein? Diese geistvolle und anmuthige Dame — eine der liebenswürdigsten Gestalten der Günther'schen Poesie — verehrte der vierundzwanzigjährige Dichter mit einer Leidenschaft, die das erlaubte Maß freundschaftlicher Huldigung bedenklich überschritt. Schon aus den ihren Namen tragenden Gedichten und Reimbriefen klingt bei aller ängstlich beobachteten Zurückhaltung doch hie und da plötzlich ein Ton der innigsten Zuneigung uns entgegen — ein Flämmchen das aus verborgen glimmender Glut verrätherisch in die Höhe schlägt. Frau von Breßler war mit Günther in's Gerede gekommen, — der Stadtklatsch zählt unter die ältesten und schlimmsten Erbsünden der Breslauer — und der Dichter muß seine Freundin beklagen: „Du wirst verschwärzt, gedrängt, beraubt, und hast mehr Aergernis als Kummer"... „Die Mißgunst wehret deiner Brust die Unschuld der gelehrten Lust; man will, dein Feuer soll erkalten." (Vergl. G. p. 159 u. 161).
Wären die fraglichen Gedichte, wie es auf den ersten Blick den Anschein hat, auf Leonore gemünzt, so müßten

sie in sehr früher Zeit, etwa ein Jahr vor der Abreise nach Wittenberg entstanden sein. Auch ist nicht ersichtlich, warum der sonst so selbstgefällige, siegessichere und lockere Poet einem gleichalterigen Mädchen gegenüber sich gar so reservirt benommen haben sollte. Weshalb hätte er hier „seine Liebe nicht sagen dürfen"? Die **Ehrfurcht** heißt ihn schweigen, der Mund darf nicht klagen, nur den Augen ist es erlaubt die Leidenschaft des Herzens zu verrathen . . . „wenn die Blicke Zungen wären!". . . . Der Schönheit **reife Früchte** werden ein Schaugericht und **verbotene Genüsse** genannt; das Lüsternsein nach ihnen ist ein **verwegenes** und das Empfinden der Angebeteten soll in **Zorn** darüber gerathen, — wann wäre ein Mädchen jemals zornig geworden über die schmeichelhafte Verehrung eines jungen hübschen und genialen Poeten? — Sein Verlangen nennt er eine **schöne Sünde**, und er will sich in **Ehrfurcht bescheiden**, ganz gegen seine gewöhnliche Art[1]. Damit correspondirt auch der Anfang des in der Nachlese (p. 195) enthaltenen Fragments auf der Frau v. Breßlerin Namensfest: „Vereinigt euch, ihr scharfen Saiten, ich stimm' ein Lied im höhern Chor; laßt **Zärtlichkeit** und **Ehrfurcht** streiten" 2c.

Breßler mag das Gefährliche, das in dem Umgange seiner Frau mit Günther gelegen, bald eingesehen und den Verkehr beizeiten abgebrochen haben.

Günther's Abschied von Breslau, wo er von frei-

---

[1] Vgl. das Gedicht „An die Liebe" (G. p. 237).

gebigen Verehrern, Freunden und Gönnern umgeben war, wird dadurch überhaupt erst motivirt; wie hätte sonst er, der im vollen Glanze seines Ruhmes stand [1]), mit einem windigen Kameraden ohne jede positive Aussicht nach Jauer und Lauban, noch dazu mitten im Winter, ins Blaue hineinwandern können?

Ein Anderes! „Als Eleonore die Unterredung eiligst unterbrechen mußte" (T. 16), kann nicht vor dem Jahre 1719 verfaßt sein. In dem handschriftlichen Taschenbuche [2]) aus der Dresden-Breslauer Zeit haben wir den ersten unvollendeten Entwurf desselben Gedichts gefunden, überschrieben: „Als Leonore nothwendig die Unterredung unterbrach und die..." Hier stehen die vier zum Theil durchstrichenen Verse:

„So elend werthes Kind, ist allzeit unser Küssen,
Daß Zeit und Zwang und Uhr die Lust verbittern müssen.
Es klingt der Glockenschlag, und lachen wir auch fort,
Der Vögel Fütterung begehrt..."

Kurz vorher befindet sich das Concept zu dem geistlichen Liede: „So soll mich denn durchaus nichts kränken" (G. p. 89) und weiter oben das Gedicht „Als er im Garten mit ihr spazieren ging" (N. p. 196) mit dem Datum Vratislaviae d. 10. August 1720. Zu letzterem bemerken wir gleich, daß von dem Herausgeber der „Nachlese" Lenchen für Lorchen gelesen worden ist. Auch das ebenfalls hierher gehörige Epi-

---

1) Das Lobgedicht auf Prinz Eugen (G. p. 123) hatte ihn zum Helden der Literatur gemacht.
2) S. den Anhang: Inedita. II 13.

gramm an Leonore „Als er sie nach 4 Jahren wieder das erstemal empfing" (G. p. 557) trägt den Ortsnamen Breslau und die Jahreszahl 1719. Daß in dem Gartengedicht an Lorchen keine Dresdener Reminiscenzen besungen werden, geht aus der Erwähnung von Zeblitz[1]) hervor. Alle Zweifel darüber, ob Lenchen oder Lorchen zu lesen sei, werden durch den zuerst geschriebenen, vom Dichter aber wieder verworfenen Anfang des Gedichts gehoben: „Wer hätte das gedacht, getreue Leonore." Für die Feststellung des wirklichen Sachverhalts sind diese Notizen wichtig.

Tittmann konnte dies nicht wissen, da in die Breslauer Manuscripte vor uns noch Niemand einen kritischen Blick gethan hat. Unbegreiflich jedoch ist uns, wie er das Gedicht (T. 32) „Philimen an Selinden, als sie ihm untreu wurde" der ersten Periode zuschreiben konnte. Daselbst heißt es: „Eh soll der Himmel Bäume tragen, — Und unser Queis voll Flammen stehn" und weiter: „Nun grüne, lieber Himmel, grüne — Und gieb dem Queise deine Gluth." Was hat Striegau, Schweidnitz oder Wittenberg mit dem Queis zu schaffen, den Günther jedenfalls zum ersten Male sah, als er 1719 aus Sachsen nach Schlesien zurückkehrte. (Den Hinweg nach Wittenberg hatte er bekanntlich über Frank=

---

1) Unter den vielen in Schlesien befindlichen Ortschaften dieses Namens ziehen wir das Zeblitz bei Breslau (heute ein Vergnügungsort) und das Zeblitz bei Trebnitz zur engeren Wahl. Ersteres war früher im Besitz der von Reizenstein'schen Familie, letzteres gehörte den Erben der Familie v. Poser.

furt a/O. und Berlin genommen. Bei Lauban aber fließt der Queis; und da hat Günther 1720 lange krank darniedergelegen. Die Berufung auf den ehemaligen Grenzfluß zwischen Oesterreich und Sachsen konnte ihm also erst vom Februar 1720 an geläufig sein. In Wittenberg hätte er die Weistritz, an der Schweidnitz, oder die Lohe, an der Roschkowitz[1]) liegt, zur Betheuerung citiren müssen.

Das folgende Gedicht (T. 33) „Als sie nachgehends übel geheirathet" setzen wir gleichfalls in eine spätere Zeit, etwa in das Jahr 1721; warum? soll in der Folge gezeigt werden. Dasselbe gilt von den Gedichten „An die ungetreue Leonore" (T. 30), „Als ihm seine Liebste ein Anderer entführte" (T. 31) und „Als er seinem harten Schicksale nachdachte" (T. 37).

Aus dem zweiten Buche der Tittmann'schen Ausgabe wäre vorerst der Namensreim an Madame Eva Rosina (Latzke) gebohrene Herbstin zu eliminiren und in das letzte Buch einzutragen. Die Genannte hatte sich erst am 11. Januar 1723 mit Latzke verheirathet (vgl. das Gedicht auf die Latzke=Herbstische Hochzeit [G. p. 214]) und Günther hätte sie 1718 oder 19 nicht als Ehefrau (gebohrene Herbstin) besingen können.

---

1) Um die Geographie haben sich Günthers Biographen bisher wenig bekümmert. Roschkowitz (heute Ruschkowitz genannt) ist nicht bei Schweidnitz, sondern bei Nimptsch gelegen; und der Orte, die Borau heißen, giebt es in Schlesien sieben. Das Günther'sche Borau (Markt Borau) gehört zum Strehlener Kreise. Hoffmann v. Fallersleben verwechselt es mit einem Vorwerk bei Schweidnitz.

Will man unsere bisherigen Rectificationen für unbedeutend und nebensächlich halten, so sind wir nunmehr in der Lage die wichtigste Entdeckung, die wir den Breslauer Manuscripten verdanken, zur allgemeinen Kenntnis zu bringen. Als solche erachten wir die zuverlässige Datirung des an Leonoren gerichteten berühmten Gedichts (T. 21 G. 231): „Zuruf eines seligen Kindes aus der Ewigkeit an seine hochbetrübten Eltern." Das vollständige, alle Merkmale des ersten Entwurfs und sorgfältiger Ueberarbeitung zur Schau tragende Concept desselben ist in dem zweiten handschriftlichen Taschenbuche[1]) mit dem von Günthers eigener Hand hinein geschriebenen Datum Landeshut d. 21. Juni 1722 enthalten und folgt dort dem ebenfalls vollständigen Brouillon des schönen Briefgedichts an Leonore „Beim Absterben ihres Carl Willhelm" (G. p. 822), das Tittmann in seine Sammlung wohlweislich nicht aufgenommen hat. Der Schluß: „Das Glücke treibt mich jetzt aus meinem Vaterlande" würde jeden Unbefangenen stutzig gemacht haben, da Günther sein Vaterland nur zweimal verlassen hat: 1715 u. 1722. Zur äußeren Charakteristik der im Originalmanuscript vorliegenden Gedichte bemerken wir, daß Günthers flüchtige, höchst eigentümliche und schwer zu entziffernde Schrift das ganze aus 56 Seiten bestehende Buch hindurch dasselbe Gepräge trägt und von den viel deutlicher und gefälliger erscheinenden Zügen des anderen Taschenbuches aus früherer Zeit sich merklich unterscheidet.

---

1) S. den Anhang: Inedita III 2 u. 3.

Die ersten 28 Seiten zeigen überdies dieselbe glänzend schwarze Dinte, mit welcher auch das dem · Buche vorangesetzte Datum geschrieben ist, und es bleibt, von anderen schlagenden Beweisgründen abgesehen, kein Zweifel an der zwingenden Kraft dieser Argumente möglich. Hierdurch werden wir auf den Mittelpunkt unserer Untersuchung, auf das Verhältnis Günthers zu Leonore geführt.

Ehe wir im folgenden Capitel (C) darauf eingehen, sind wir uns noch einige wenige kritische Bemerkungen zu den zwei übrigen Büchern der Tittmann'schen Chronologie schuldig.

Das Abschiedsgedicht im dritten Buche (T. 6) an Eleonoren „Ach Kind verschone mich in dir" kann erst nach dem Abschied von Breslau 1720 gemacht sein, oder es müßte in den Anfang des Jahres 1719 nach Leipzig verlegt werden, wo Günther seine verunglückte Reise an den Dresdener Hof unternahm. V. 43 lautet: „Der Frühling ist nun nicht mehr weit". Nun reiste er aber im September 1719 von Dresden nach Schlesien ab; daher verträgt sich der Abschied mit dem Borauer Rendez-vous, das in demselben Monat stattfand, ganz und gar nicht. Im September pflegt der Frühling noch ziemlich weit zu sein, auch bei den Poeten. Was den übrigen Inhalt des dritten Buches betrifft, so können wir mit Tittmann hier um so eher übereinstimmen, als die Mehrzahl der Gedichte direct auf Breslau und Lauban hindeutet.

Auch am vierten Buche bleibt nur wenig auszustellen. Das Eingangsgedicht mit dem „dritten Schwur"

an Leonoren sähen wir lieber in das ihm zukommende
dritte Buch verlegt. V. 35 beweist, daß dieser dritte
Abschied nicht in Borau genommen worden ist, denn
in eben diesem Verse wird Leonore angetrieben „nach
Borau hin zu denken", weshalb sie nicht dort sein
konnte. Gleiches gilt von dem ergreifenden Absagegedicht
„Mein Kummer weint allein um dich" und seiner
fingirten Antwort (T. 27 u. 28), die beide in die Zeit
nach dem letzten Wiedersehen (August 1720) fallen.
Das von den Herausgebern nach Jena verlegte Lied
„Zwischen Ufer, Thal und Klüften" haben wir entweder
dem Wittenberger oder dem Dresdener Aufenthalt zu-
zuschreiben, je nachdem wir es nach Schweidnitz oder
Leipzig adressirt sehen wollen. Das vielberufene „Paradies" (V. 47) bei welchem angemerkt wird, es sei ein
Spazierort vor Jena, giebt eine ebenso unzuverlässige
Localbestimmung ab als die „dürren Hügel," die mit
den „Musen-Spitzen" bei Jena zusammengebracht werden.
Ein „Paradiesgärtlein" haben viele Städte aufzuweisen.
Dem Dichter aber blüht überall sein Paradies, wo es
ihm wohlergeht. So hat auch Günther in Leipzig
(G. p. 760. N. p. 46) und Dresden (N. p. 52) Para-
diese gefunden, insofern er dort es unter guten Freunden und Freundinnen sich wohl sein ließ. — Daß
die „Abschiedsgedanken bei Gelegenheit einiger schweren
Leibeszufälle" (T. IV. 33) noch schlesischen Mutter-
boden unter den Füßen haben und aus Landeshut her-
rühren, haben wir oben bei Richtigstellung des Günther'schen Geburtsjahres angemerkt.

2*

C.

Tradition und Kritik.

Unter den mannigfachen Irrtümern, die Steinbach in die Welt gesetzt hat, steht die Fabel von dem Verhältnisse Günthers zu Leonore obenan; und es ist zu verwundern, daß nicht allerlei mit Händen zu greifende Indicien, die dem Leser der Gedichte sich aufdrängen, schon längst zu einem Bruche mit der Tradition geführt haben. Hören wir, was uns der in jeder Beziehung unzuverlässige und nur mit der allergrößten Vorsicht zu benutzende Biograph weismachen will [1]).

„Ich habe", so erzählt er, „schon oben gesagt, daß sich Günther manchmal Mägdchen nur in Gedancken vorgestellet, daß man nichts gewisses aus manchem Liebes-Gedichte schließen kan, allein diese Eleonora ist würcklich ein Mägdchen von Schweidnitz gewesen, mit der er vertraut sowohl da als in Roschkowitz beym Hrn. von Bock umgegangen, die hernach nach Borau und endlich wieder von dar weg zog. Er mochte ihr wol sie zu heurathen vorgeschwatzt haben, wie er es denn in unterschiedenen Gedichten, besonders Bl. 695 gestehet.... Er hat sonst unterschiedenes

---

1) Steinbach, p. 45 u. flgde.

an sie geschrieben: als Bl. 245 u. 298 Trost-Schreiben; Bl. 268 als sie wegzog. Bl. 308 eine Erinnerung, daß sie stets an ihn gedenken solte. Bl. 269 einen Brieff aus Dreßden, da sie in Borau war. In Lauban schrieb er auf die Morgenzeit bey Erinnerung Leonorens, Bl. 316, und 310 einen Brieff an sie. Bl. 327 erinnert er sie aus dem Gebirge an Schweidnitz, Roschkowitz und Borau zu gedencken, und nimmt Abschied von ihr, wie er es auch Bl. 326 thut. Er sagt ihr aber in einem Schreiben Bl. 321 völlig ab, ohne Zweifel, da er aus Schlesien endlich wegzog und nachgehends in Jena starb. Sie liebte sonst einen Vers, wie er es selbst an einigen Orten meldet, das mag auch wol die Ursache seyn, warum er einen so öffteren Brieff-Wechsel mit ihr gehalten hat, ob er es gleich nicht so ernstlich gemeynt als mit seiner Phillis. Sie hat ihm aber nicht allemal wollen treu bleiben, denn zu Ende des 1715 Jahres wurde sie mit einem Anderen Namens Täuber bekannt, worüber Günther eiffersüchtig wurde und Bl. 560 das Gedichte „Als er von seinem Nebenbuhler abgestochen zu werden besorgte" aufsetzte, als es aber mit dem würcklich zum Versprechen kam, schrieb unser Dichter Bl. 633 den Brieff an sie, da er ihr seine Treu und ihre Untreu deutlich vor Augen stellte. Sie wurde aber doch mit dem Täuber 1716 den 14. Januar getrauet, bey welcher Hochzeit unser Günther auch das Gedichte Bl. 538 aufgesetzt. Nach diesem hat ihr Liebster nicht lange gelebt, da denn unser Günther bis an sein Ende noch Brieffe mit selber gewechselt."

An diesem auf Grund einer sehr oberflächlichen Lectüre der Günther'schen Gedichte componirten Märchen haben die neueren Biographen — Tittmann nicht ausgeschlossen — in der Hauptsache festgehalten. Die complicirten Verhältnisse bis ins Kleinste hinein klarzulegen, wird kaum Jemandem gelingen; der Forschung müßten denn ganz neue Quellen erschlossen werden. Unserer Meinung nach hat Günther wissentlich und mit Absicht eine künstliche Verwirrung in seinen Liebesangelegenheiten, resp. in deren poetischen Reproductionen angerichtet, um allzu vorwitzige Spürnasen und Zwischenträger irre zu leiten. Seine Lieder gingen in Abschriften von Hand zu Hand, und es mochte ihm unbequem sein, von den Splitterrichtern einer Welt, die sich selten für das Sachliche, dagegen immer für das Persönliche, ihrem gemeinen Denken und Empfinden zunächst liegende zu interessiren pflegt, in discreten Privatneigungen controlirt zu werden. Hätte er wissen können, daß man nach beinahe zwei Jahrhunderten aus rein sachlichem Eifer wieder auf seine persönlichen Erlebnisse zurückkommen würde, so hätte er vielleicht seinen unschädlichen nachgeborenen Freunden einen Fremdenführer für den Irrgarten seiner Liebe hinterlassen. So aber bleiben wir im Allgemeinen auf den fraglichen Scharfsinn der Kritik und die nicht minder fragliche Geduld des Lesers angewiesen, und müssen uns mit der Correctur von Einzelheiten begnügen, aus welcher vielleicht erst ein Anderer wieder einen bessern Gewinn ziehen kann, als wir es zu thun im Stande waren.

Günthers Leonore ist mit der Fähigkeit eines Proteus ausgestattet, sie verwandelt sich vor den Augen des Forschers in verschiedene Gestalten mit verschiedenen Namen. Bis 1716 heißt sie Magdalis, bis 1718 abwechselnd Lehnchen und Lorchen, und bis 1722 dann wieder ausschließlich Eleonore. Wir sind nicht gezwungen, die Identität von Magdalis und Leonore anzunehmen, haben vielmehr, sobald wir dies thun, eine Anzahl von Schwierigkeiten aus dem Wege zu räumen; auch kann uns Niemand nötigen Lehnchen und Lorchen zu identificiren. Wir kommen sogar später zu der Annahme, daß zwischen einer Leipziger und einer Schweidnitzer Leonore unterschieden werden müsse. Wenn es dem Dichter gefällt, vertauscht er das Sächsische Lorchen mit einem Schlesischen Lehnchen[1]) und umgekehrt. Und doch werden daneben die Bezüge zu Schweidnitz, Roschkowitz und Borau immer wieder sowol bei Magdalis, als bei Leonore und Lehnchen festgehalten und in den Vordergrund gerückt; auch die vierjährige Trennung (1715—19) und die Zusammenkünfte auf dem Friedhofe behaupten bei den letztgenannten beiden ihr Ansehen. In der

---

[1]) In dem Gedicht „Auf der Abreise in sein geliebtes Schlesien" (G. p. 183) wendet sich Günther von Lorchen aus Leipzig zu Lehnchen aus Schweidnitz zurück. Die in den Ausgaben befindliche Lesart beruht, wie das Originalmanuscript des Dresden-Breslauer Taschenbuches zeigt, keineswegs auf einem Irrtum. Auch hier ist deutlich in der ersten Zeile der 2. Strophe Lehnchen und nicht Lorchen zu lesen. Vgl. Anhang: Inedita II 2. Anm.

Ode an sein Lehnchen (G. p. 299) gesteht der Dichter ohne Weiteres ein, daß er der Geliebten die Treue gebrochen habe, und daß es ihm recht geschehe, wenn Philirinde, die Leipziger Leonore, ihn im Stich lasse: „Die Strafe folgt der Sünde." Er hat betrogen und wird betrogen. Der Brief „an die ungetreue Leonore" (G. p. 633) kann sehr wohl für seine Leipziger Liebe bestimmt gewesen sein. Die Mühe, die wir uns weiterhin mit der Ordnung der Familienverhältnisse einer in Leipzig geborenen, in Schweidnitz erzogenen Leonore geben, wäre alsdann freilich überflüssig.

Ehe wir jedoch unsererseits eine Darstellung dieses krausen Liebesromans versuchen, liegt uns ob unsere Beweisgründe gegen die bisherige Ueberlieferung beizubringen. Zum Theil sind dieselben schon im Capitel B angedeutet.

Wäre Leonore wirklich das Pseudonym für die Tochter des Schweidnitzer Arztes Dr. Jachmann, welche Maria Euphrosyna hieß, und diese Bestimmung nicht nur eine auf den Namen Täuber hin aus der leeren Luft gegriffene Vermuthung des einfältigen Steinbach, und hätte Leonore wirklich „ihrem Liebsten" Täuber am 14. Januar 1716 die Hand gereicht, so konnte Günther ihr[1]) unmöglich sechs Monate später am 10. Juli 1716 von Wittenberg schreiben:

---

[1]) Sobald wir eine Leipziger zweite Leonore annehmen, haben wir keinen Grund die unter dem Namen Magdalis, Lehnchen und Lorchen besungenen Schönen für mehr als zwei verschiedene Personen zu halten.

„Dein theuerster Besitz sagt mir die Wollust zu,
Die ich in dieser Welt des Himmels Vorschmack nenne.
Die Schwester, die vor dich anjetzt den Vorspruch thut,
Soll alles was sie will, ein gutes Ziel erreichen" (G. p. 623).

Tittmann will diesen Einwand dadurch entkräften, daß er die Richtigkeit der in dem Hochzeitsgedicht angegebenen Jahreszahl in Frage stellt. Nun sind aber die zu besonderen Gelegenheiten angefertigten Gedichte damaliger Zeit wie die auf der Bresl. Stadtbibl. erhaltenen Exemplare beweisen[1]), als fliegende Blätter und zwar immer mit der genauen Angabe von Ort und Zeit durch die Presse vervielfältigt und an Freunde des Dichters vertheilt oder in Familienarchiven aufbewahrt worden. Ein Irrtum in der Datirung ist demnach gerade hier mehr als unwahrscheinlich. Gesetzt aber auch, es läge ein solcher vor: wie hätte es Günther über sich gewinnen können, ein derartiges Hochzeitscarmen (G. p. 538) für seine Geliebte und deren ihm verhaßten Bräutigam zu verfertigen? Auch der Betrogene und Verrathene, der aus Trotz und Grimm den Gleichgültigen spielen will, wird in einem solchen Falle nicht zur Erlustigung des werthen Paares und der Hochzeitsgäste beitragen und zu zweideutigen Scherzen sich erniedrigen wollen, deren Sinn ihm das Herz brechen mußte. Von den „vielleicht vorhandenen feinen, jetzt dunkeln Anspielungen", die Hoffmann v. Fallersleben aus den Versen herauswittern will, ist absolut nichts zu merken: es sind lauter ehrliche, handfeste Zoten.

---

1) Vgl. Anhang: Inedita III 23. Anm.

Laffen wir aber auch das Hochzeitscarmen beifeite, so ftellt uns das fchon erwähnte Gedicht „Philimen an Selinde, als fie ihm untreu wurde", vor ein neues Fragezeichen. Wird der Dichter in Lauban — daß das Gedicht erft 1720 entftanden ift, haben wir im vorigen Capitel erwiefen — nachdem er in Borau ein fo beglücktes Wiederfehen mit der Geliebten gefeiert, ihr etwa wieder Vorwürfe über ihre Untreue gemacht haben, oder ift fie ihm vielleicht zum zweiten Male untreu geworden? Noch unerklärlicher bleibt unter den gegebenen Vorausfetzungen der von Dresden im Sommer 1719 an fein Lorchen[1]) oder Lehnchen gefchriebene Brief, der auf das Borauer Wiederfehen vorbereitend hindeutet (G. p. 693). In feinen 79 Zeilen ift von einer Untreue Leonorens fo wenig die Rede als von ihrer angeblichen Witwenfchaft. Dagegen heißt es V. 40 u. d. f.:

„Vielleicht war meine Noth und langes Außenbleiben
So mächtig, Lorchens (Lehnchens) Herz in andre Brunft zu treiben."

Hiermit ift ein Vorwurf mehr für Günther als für Leonoren ausgefprochen; er fürchtet, feine bedrängten Umftände und die vier Jahre, die feit dem Abfchied von der Geliebten vergangen, könnten ihre Gefinnung gegen ihn umgewandelt haben. Gefteht er doch felbft ftillfchweigend fich eine Art von Schuld ein, wenn er fein Schickfal und verleumderifche Freunde (ebend.

---

1) Die Ausgaben fchreiben Lehngen. Vgl. Anhang: Inedita II 2. Anm. u. 3. Anm.

V. 15) für die Lockerung des ehemaligen Verhältnisses verantwortlich macht. Es fehlte nur, daß er seine Untreue offen einräumt, aufrichtig genug war er dazu. Doch verbannt er jeden Argwohn: „Sie ist mir zu genau mit Wort und Fleisch verbunden, ich habe sie geprüft und allzeit rein befunden." — Und angesichts dieses Gedichtes hat man anderthalb Jahrhunderte an die Lüge von Leonorens[1]) Untreue, Heirat und Witwenschaft glauben können!

Ferner: Täuber wird ausdrücklich von Günther selbst als ein reicher Mann geschildert (G. p. 560); nach seinem Tode würde die verwitwete Leonore eine vermögende Frau gewesen sein, die, da auch ihr Söhnchen gestorben, völlig unabhängig über Hand und Gut hätte verfügen dürfen. Und doch sagt Günther in dem vorhin citirten Briefgedicht: „Man lacht uns beiderseits, geliebter Engel aus, warum ich armes Kind dich armes Kind erwähle", und (G. p. 306): „Sei arm, verlassen und veracht't... du bleibst in meinem Herzen..." Wo ist außer dem ein vernünftiger Grund dafür zu finden, daß die junge Witwe von Anklam[2]) nach Borau gezogen sein soll, anstatt, was das Natürlichste und Nächstliegende gewesen wäre, in das elterliche Haus nach Schweidnitz zurückzukehren?

Schon diese Bedenken würden hinreichen um alle früheren Hypothesen zu Falle zu bringen. Ehe wir

---

1) Wir reden hier immer nur von der Schweidnitzer Leonore.
2) Vgl. die Cantate „Die verliebte Geduld" (G. p. 363).

jedoch die letzten Consequenzen aus den dem zweiten
handschriftlichen Taschenbuche entnommenen Argumen-
ten ziehen, wollen wir noch ein Paar andere Stellen
zu unseren Gunsten reden lassen.

In Lauban wird Günther wieder von der Eifersucht, die ihm schon früher Streiche gespielt, heimge-
sucht, und er schreibt den 29. Febr. 1720 (G. p. 311)
an Leonore: „Ich weiß nicht, ob ich hoffen darf, und
ob auch künftig dein Gemüthe sich noch mit gleicher
Sorgfalt hüte." . . . . „Bisher bekenn' ich zwar dein
Lieben und weiß, wie rein die Flamme sei." Ver-
haltungsmaßregeln, wie er sie darauf der fernen Geliebten zu geben für angemessen hält, würde er nimmermehr einer vom Unglücke so schwer geprüften Frau
vorgeschrieben haben: Sie soll die Gelegenheiten ver-
meiden, wo man Pfänderspiele treibt (V. 37) und
auch im Scherz Niemand küssen (V. 40); sie soll sich
nicht mit Putz behängen, um aufzufallen (V. 42);
soll ihr Verlöbnis geheim halten (V. 61), fleißig zur
Kirche gehen (V. 67) und ebenso fleißig Briefe schreiben,
ohne ihren Gefühlen durch Ziererei Zwang anzuthun
(V. 73), und soll vor allem nichts auf das Gerede
der Welt geben (V. 83). Hatte doch die übelwollende
Fama Beiden schlimm genug mitgespielt; nicht zum
zweiten Male sollte sie ihr Glück in Gefahr bringen!
Noch in dem poetischen Schreiben an Herrn von
B(euchell) (G. p. 472), einem der letzten Gedichte
Günthers vom Jahre 1723, legt der Dichter, von
den Vorboten des nahen Todes schon ereilt, Zeugnis
ab von der Unwandelbarkeit seiner einstigen Geliebten

mit den an Kalliope gerichteten Worten: „Die Treu
von Leonoren, die ihrem Besser mehr gehalten als
geschworen; die Treu', die Zärtlichkeit, die Neigung
und die Lust erhielt ich auch von dir."
Besäßen alle die von uns vorgebrachten Gegen=
gründe nicht Beweiskraft genug, um den Leser von der
Haltlosigkeit der auf Steinbach fußenden Constructionen
zu überzeugen, so würde dies, wie gesagt, unwiderleg=
lich durch die Landeshuter Documente geschehen. Wir
meinen die beiden Gedichte: „Mein Mitleid, glaub'
es mir, betrübte Leonore" (G. p. 822) und „Crönt,
werthe Eltern, meine Leiche" (G. p. 231). Ihr Fund=
ort[1]) bezeugt, daß sie Günther 1722 in Landeshut ge=
schrieben, als er sich anschickte sein Vaterland wieder
zu verlassen. Leonore hat also erst ein Jahr vor
Günthers Tode ihr Kind verloren; ihr Mann, den sie
Ende 1720 oder Anfang 1721 geheiratet, lebte,
und wenn Günther überhaupt ein Recht hatte über ihre
Untreue zu klagen, so konnte er dies begründetermaßen
erst 1720 thun.

---

1) Siehe Anhang: Inedita III 2 u. 3.

D.

Günther und Leonore.

Als positives Ergebnis der bisher angestellten Untersuchungen ergiebt sich etwa Folgendes.

Günther lernte seine Leonore im Jahre 1714 in Roschkowitz (G. p. 473) kennen; auf ebendemselben lieblichen wiesen- und waldreichen, von der Lohe durchflossenen Landgute des Herrn von Bock bei Nimptsch, welches, durch Erinnerungen an Logau, Gryphius und Lohenstein geweiht, unserem Dichter durch den Tod einer Jugendgespielin (Philindrene oder Flavia) die erste schmerzliche Enttäuschung gebracht hatte. Günther war damals ein Jüngling von neunzehn Jahren, schön, voll Temperament und Feuer[1], begeistert für die höchsten Ziele des menschlichen Geistes, voller Hoffnungen auf eine große Zukunft, und liebenswürdig und gewandt im geselligen Verkehr. Wenn ihn die Ferien von der harten Schulbank und dem strengen Regiment des Rector Leubscher[2] erlösten, zog es ihn

---

1) Vgl. das Schreiben des alten Günther an Steinbach (bei letzterem p. 123).

2) Leubscher war der erste Rector der evangel. Gnadenschule in Schweidnitz. Sein neben der Eingangsthür zum alten Gymnasium eingemauertes Grabdenkmal, an dem schönen großen Friedhofe schräg gegenüber von der Kirche gelegen, ist noch erhalten.

zu den Roschkowitzer Freunden; das düstere elterliche Haus in Striegau, wo Mangel und Entbehrung zwischen kahlen Wänden wohnten, und er für die Schwärmerei seines Herzens keine Nahrung fand, hat niemals besondere Anziehungskraft auf ihn ausgeübt, so innig er auch seinen Eltern bis zum Tode zugethan blieb. Seine Leonore scandirte mit ihm den Horaz (G. p. 629), war eine lernbegierige und aufmerksame Theilnehmerin aller seiner Arbeiten und versüßte ihm durch tausend Zärtlichkeiten den bittern Ernst des Lebens, den der ideale Träumer mit doppelter Schärfe zu schmecken hatte. In Schweidnitz konnte der Verkehr des jungen Paares kein so ungebundener und sorgloser bleiben wie in Roschkowitz, und der Friedhof wurde hier die Freistatt ihrer Liebe (N. p. 121).

Leonore hatte früh ihre Eltern verloren. Sie waren aus Leipzig, das Günther als die Vaterstadt seiner Geliebten preist (N. p. 126), nach Schweidnitz gezogen, wo die Mutter den Tag ihrer Ankunft nicht lange überleben sollte. Das kleine Mädchen, welches noch der Brust bedurfte, wurde von einer mitleidigen Verwandten verpflegt, und nachdem auch der Vater gestorben war, von ihr und ihrem Manne, den wir immerhin Dr. Jachmann nennen können, an Kindesstatt angenommen[1]). Im Hause der Pflegeeltern wurde

---

[1]) Tittmann hat bei dieser Gelegenheit zu den unglaublichsten Combinationen sich verleiten lassen p. XXIV: „Günther kam mit Leonore auf dem Kirchhofe bei den Gräbern ihrer Eltern zusammen; in dem Briefe an Magdalis (G. p. 623) werden diese als noch lebend geschildert. In dem oben erwähnten größeren Gedicht

sie mit deren Kindern (ein Knabe und ein Mädchen werden erwähnt), zusammen erzogen und erhielt eine vorzügliche Ausbildung, die durch den Umgang mit Günther nur gewinnen konnte. Als Täuber die Bekanntschaft des Schwesternpaares machte, war Günther der Liebe Leonorens noch nicht sicher genug, um nicht den reichen Nebenbuhler mit mistrauischen Augen zu verfolgen; überdies hatte ihn die Eifersucht dermaßen verblendet, daß er die wahren Absichten Täubers, die auf Maria Euphrosyna Jachmann und nicht auf Eleonore gerichtet waren, nicht durchschaute.

Ein Liebesverhältnis in einer kleinen Stadt, wo Jeder dem Nachbar in die Fenster sieht, geheim zu halten, ist auf die Länge der Zeit unmöglich. So lange indessen nur wenige Häuser und Straßen zwischen den Liebenden lagen, und sie die Aufpasser überlisten oder sich doch wenigstens durch Blicke und Zeichen verständigen konnten, drohte dem inneren Glück ihrer Herzen keine ernste Gefahr. Das änderte sich jedoch,

---

(N. p. 121) wird wenigstens Leonorens Mutter noch erwähnt. Ich denke mir, dies erklärt sich einfach (!) daraus, daß L. Stiefeltern hatte. Die erwähnte Mutter war die zweite Frau ihres Vaters, der sie geheiratet hatte, als L. noch ein Kind war, das der Mutterbrust bedurfte — sonst wären die Worte „die dich noch als Kind gesäugt" unnütz —; als dann auch der Vater gestorben war, heiratete die Stiefmutter zum britten Male." Demnach müßte der Vater gleich nach dem Tode seiner ersten Frau die zweite geheiratet haben, und diese müßte ebenso gleich nach dem Tode ihres ersten Mannes das andere Bündnis eingegangen sein. Sie wäre sonst schwerlich in der Lage gewesen einem Kinde die Brust zu reichen.

als Günther auf Universitäten ging und seine Liebe unter übelwollenden und ihm feindlich gesinnten Leuten zurücklassen mußte, die jeden einlaufenden Brief beredeten, Alles zum Schlechtesten kehrten und jedes von Wittenberg herüberdringende Gerücht zu ihren Zwecken ausbeuteten. Was bei Günthers Anwesenheit nicht durchzusetzen war — denn sie fürchteten seinen überlegenen Spott —, ließ hinter dem Rücken des Ahnungslosen sich ohne Bedenken ausführen, zumal er selbst, wie viele Menschen von Phantasie eine argwöhnische, eifersüchtige und leicht umzustimmende Natur war. Ihm wurde von guten Freunden hinterbracht, sie habe sich entschlossen einen Anderen zu nehmen (G. p. 624), und Ihr wurde von guten Freundinnen so viel Schlechtes über Günther gesagt, als die Bosheit gegen einen ziemlich frei und ungebunden lebenden Studenten aufzubringen wußte. Das Resultat war, daß Günther endlich an die Falschheit der Geliebten glaubte, in seiner Einbildungskraft alle möglichen und unmöglichen Folgen des vermeintlichen Treubruchs sich selbstquälerisch ausmalte, seine stillduldende Leonore beleidigte und mit um so größerer Zügellosigkeit der lüderlichen Wirthschaft des Wittenberger Burschenlebens sich hingab. In diabolischer Lust stürmte er unter unaufhörlichen Saufgelagen, Raufereien und flandrischen Liebschaften auf Gesundheit, Ehre und Ruf los und führte so den verhängnisvollen Bruch mit Heimat und Vaterhaus herbei, der auch durch seine aufrichtigste und demütigste Reue nicht mehr zu repariren war.

Der armen gedrückten, verhöhnten und verleumdeten

Leonore mochte das Leben im Hause ihrer Pflegeeltern mit der Zeit unerträglich geworden sein. Sie entschloß sich daher eine Stelle als Erzieherin, Ausgeberin oder Wirthschafterin auf einem Adelssitze der Umgegend anzunehmen, und kam in gleicher Eigenschaft später nach Markt Borau bei Strehlen und von dort auf ein herrschaftliches Schloß in der Nähe von Breslau (wahrscheinlich das erwähnte Zedlitz). An beiden Orten sah sie Günther nach vier resp. fünf Jahren wieder und erneuerte den alten Liebesbund mit leidenschaftlichen Schwüren reuevoller Zärtlichkeit.

Daß Leonore ein unseren Voraussetzungen entsprechendes Amt zu verwalten gehabt, erhellt aus dem schon mitgetheilten, in Breslau 1720 concipirten Gedicht „Als sie die Unterredung eiligst unterbrechen mußte" (G. p. 559). Günther beklagt sich da, daß er schlechter daran sei als das Federvieh, welches die Geliebte pünktlich abzufüttern habe, und, „als sie sich betrübte, daß Leute ihres Geschlechts des Studirens beraubt wären", ruft er ihr zu:

„Du kannst gleichwohl zufrieden leben
Und einmal froh zu Grabe gehn
Und brauchst, ach, glaube doch, nicht eben
Den hohen Leibnitz zu verstehn.
Du hast genug vor dein Geschlechte,
Nachdem dein lobenswerther Fleiß
Die Wirthschaft und d.s Höchsten Rechte
So wie des Umgangs Regel weiß.
Verrichte nur dein Amt mit Freuden" . . (N. p. 93).

Mit Günther war inzwischen äußerlich und innerlich eine große Wandlung vorgegangen. In den wüsten

Tagen der Wittenberger und in dem ausschweifenden Leben der Leipziger und Dresdener Zeit hatte er allen moralischen Halt verloren. Sein Gemüt zwar blieb bis an sein frühes Ende ehrlich, treuherzig, aufrichtig und ohne Falsch; aber die übeln Angewohnheiten der Studentenzeit waren trotz aller guten Vorsätze nicht wieder auszurotten. Er liebte fremde Weiber und fremden Wein, leider nicht nur den gekelterten, sondern auch den gebrannten, betrank sich bei jeder Gelegenheit und machte sich durch seine schlechte Aufführung überall unmöglich. Mehrere von den im Anhange abgedruckten Briefen geben ein sprechendes Zeugnis für die Conflicte, in welche er durch seine Schwäche und Charakterlosigkeit immer und immer wieder gerieth. Er hatte nur immer abzubitten, zu bereuen, zu vertuschen und gut zu machen, was sein namenloser Leichtsinn verschuldete.

Es verlohnt uns nicht hier Buch zu führen über seine vielen Liebschaften aus der Leipziger und Dresdener Zeit; das Gedicht „Auf die ihm so beliebte Abwechselung im Lieben" (G. p. 258) beweist uns mehr als ein galantes Album seiner Floretten, Amanden, Louisen, Hannchen, Rosetten, Olorinen, Phylirinden etc. . . . Etliche Stellen der Gedichte haben uns die schon ausgesprochene Vermutung nahe gelegt, als habe Leonore in Leipzig eine Namensschwester und Doppelgängerin gehabt[1]). Auffällig sind: die Erinnerung an Pfeiffers Schlafgemach in dem Gedicht an seine Schöne

---

1) Vgl. die hierauf bezügliche Stelle des Capitels C.

in¹) Borau vom 22. Aug. 1719 (G. p. 269), die durch alle Ausgaben gehenden Stellen in demselben Gedicht: „Hier hör' ich bei der schlanken Fichte den sanften Wind nach Leipzig geh'n (V. 21) und ebenso: „Hier ist mir Still' und Ort geneigt, die große Rechnung vorzunehmen, wie viel mir Leipzig Guts erzeigt", sowie die in einigen Gedichten an Leonore zu findenden Anklänge an das Heldengedicht auf den Passarowitzer Frieden²). Tittmann hat in dem Gedicht p. 269 ohne Weiteres beide Male Leipzig in Schweidnitz umgewandelt, was ihm jedoch wenig geholfen; denn, machte Günther in Dresden den Wind zum Boten seiner Sehnsucht, so hätte er ihn, da Leonore nicht mehr in Schweidnitz war, nach Borau schicken müssen. Pfeiffer, den Günther in einer Cantate als Violinvirtuosen feiert (G. p. 345), wird in den „Letzten Gedanken" als das Haupt des intimen Leipziger Kreises mit besonderer Zärtlichkeit genannt (G. p. 840). Liest man nun noch obendrein das Datum zu dem Gedicht „Eleonore ließ ihr Herze nicht länger unempfindlich sein": Leipzig d. 26. Juni 1719 (G. p. 294), wo ebenso wie in dem Borauer Gedicht an das Kirchhof-Rendezvous erinnert wird und Leonore ausdrücklich sagt: „Ich breche dir allein zu Liebe die Ketten deiner ersten Triebe", so möchte man eine Specialuntersuchung gegen die Doppelgängerin der Schweidnitzer Leonore einleiten.

---

1) In den Ausgaben fehlt das „in".
2) G. p. 243. („Als er im Lieben vorsichtig sein wollte") V. 31 u. 32. G. p. 306 (An Eleonoren) V. 40—42. G. p. 631. (Bei der Wiederkunft der Nacht) V. 13—16.

Wir lassen jedoch die mysteriöse Leipzigerin vorläufig auf sich beruhen, indem wir im Anschlusse an früher Gesagtes unser Unvermögen, hier völlige Klarheit zu schaffen, eingestehen, und wenden uns wieder der Schweidnitzer Leonore zu, die uns eine viel sympathischere und fragwürdigere Erscheinung vorstellt.

Nach dem Wiedersehen in Borau[1]) sind die Liebenden einander noch verschiedentlich begegnet, zuletzt (1720) auf dem in der Umgebung von Breslau jenseits der Oder gelegenen Schlosse eines der Günther'schen Patrone, das in dem Briefgedicht an Herrn v. R.. (N. p. 52) erwähnt wird. Dort heißt es:

„Noch jenseit blickt ein Schloß auf unsern Oberstrand,
(Die Spötter suchen hier das **Besenbinderland**[2]) ...
Was thut nicht, denke nach, Trunk, Freiheit, Liebe, Nacht? ..
Ein traurig Lebewohl beschloß die keusche Lust . .
Ich riß mich brünstig los, sie sah betrübt zurücke . ."

Inzwischen war Günther mit seinem lockeren

---

1) Vgl. Das Gedicht „Hier hast du nun den dritten Schwur" (G. p. 327). V. 34—36 heißt: „Und kommt dir Roschkwitz in den Sinn, so denk auch **dort nach Borau hin.**" Der dritte und letzte Abschied kann also wie schon oben bemerkt, nicht in Borau stattgefunden haben.

2) Von Obernigk bei Trebnitz singt der Volksmund:
„Obernigk
Liegt zwischen **Sorg'** und **Kummernigk**;
Wer sich da will ernähren,
Muß suchen Pilz' und Beeren;
Wer diese nicht kann finden,
Der muß **Besen binden.**"

Daß es ein Schloß Zedlitz bei Trebnitz giebt, ist schon früher gesagt worden.

Kameraden Schubert von Breslau seinem Unglück, das ihn in Lauban wieder einmal zur Besinnung bringen sollte, lustig entgegen gewandert. Bis dahin wurde er noch von der Jugendkraft seiner guten Natur aufrecht gehalten; nachdem aber die Widerstandsfähigkeit seines Körpers durch schwere Krankheit und den äußersten Mangel gebrochen worden war, versank er tiefer und tiefer im Elend[1]). Von Allem entblößt, was zur Notdurft des Lebens gehört, in einer kalten Bodenkammer, die nicht einmal gegen Schnee und Regen Schutz bot, auf das Krankenbett hingestreckt, von einem pöbelhaften und zänkischen Weibe bis aufs Blut gepeinigt und obendrein noch den Vorwürfen seines Cumpans preisgegeben, der als Sohn vom Hause den lästigen Gast gern wieder losgeworden wäre, lag er verlassen und trostlos da und wartete auf den Tot, als den einzigen zuverlässigen Helfer aus aller irdischen Qual. Auch hier in seiner tiefsten Verzweiflung suchte ihn die Muse auf, um seinen Gram mit melodischen Weisen zu besänftigen, und bei einem qualmenden Talgstümpfchen schrieb er die Reihe erschütternder Klagelieder, die uns als ein unvergängliches Denkmal seines Leids und seiner Liebe theuer sind. In die Monate Februar—August 1720 fällt die produktivste Zeit der Günther'schen Muse. Während eines einzigen Tages hat er, wie er in dem lateinischen Brief an Haas meldet[2]), über zweitausend Verse gedichtet.

---

1) Vgl. die Gedichte G. p. 412, 479, 483, 770 u. N. p. 56.
2) Siehe Anhang: Inedita I 2.

Bei aller Nachsicht geduldiger Liebe konnte Leonore die Veränderung, die sie an ihrem Günther wahrgenommen, nicht unbeachtet lassen. Sie mußte sich sagen, daß eine Verbindung mit einem so wankelmütigen Manne, der dieselbe auf weitere sieben Jahre hinausschob (G. p. 631. B. 30) niemals zu Stande kommen werde. Günther, wie sie sich auch in Breslau hatte überzeugen müssen, war zu sehr von augenblicklichen Launen und Stimmungen abhängig geworden, um noch mit Energie und einiger Aussicht auf Erfolg an einen ernsten, systematisch geregelten Beruf gehen zu können. Dennoch hielt sie das verpfändete Wort ihrer Liebe heilig und fühlte sich erst aller Verbindlichkeiten ledig, als Günther ihr Herz und Hand zurückgab (Herbst 1720):

„So brich nun Bild und Ring entzwei
Und laß die Briefe lodern,
Ich gebe dich dem Ersten frei
Und habe nichts zu fodern;
Es küsse dich ein andrer Mann,
Der zwar nicht treuer küssen kann,
Jedoch mit größerm Glücke
Dein würdig Brautkleid schmücke. (G. p. 323).

Daß Leonorens Antwort thatsächlich anders ausfiel, als sie Günther in dem respondirenden Meistergedichte (N. p. 198) so schön fingirt hat, wird uns nach den gemachten Erwägungen nicht mehr befremden. Der Bruch des wunderlichen, an Wechselfällen reichen Verhältnisses, das sechs Jahre gedauert hatte, erfolgte, und Leonore reichte Anfang 1721 einem Anderen ihre

Hand. Welche Kämpfe sie der schwere Entschluß gekostet haben muß, wird jeder begreifen, der aus der Lektüre von Günthers Gedichten dieses feinfühlige, sinnige und liebenswürdige Mädchen kennen gelernt hat. Günthers guter Stern erlosch.

Als ihm die Thatsache, Leonore durch eigene Schuld verloren zu haben, zur Gewißheit geworden (auch an sie hatte er von Lauban aus einen Bettelbrief schicken müssen), und andererseits durch eine Wendung zum Bessern in seinen Verhältnissen wieder neuer Lebensmut in ihm erwacht war, klammerte er sich noch einmal mit allen Organen an das Dasein und griff hocherfreut mit beiden Händen zu, als ihm unverhofft das Schicksal in Kreuzburg und Bischdorf ein köstliches Glück in den Schoß zu werfen schien. Wie der Schiffbrüchige nach der letzten schwachen Planke faßt, um sich über Wasser zu halten, so hing Günther sein verzweifeltes Herz an Phillis. Gerade diese vielverlästerte und dem Dichter schwer verdachte Episode an der polnischen Grenze gewinnt jetzt unter veränderten Voraussetzungen etwas tief Tragisches und unsäglich Rührendes. Er lechzte nach Ruhe, nach der trauten Häuslichkeit eines stillen Heerdes, an welchem er von den Stürmen seiner wilden Vergangenheit auszuruhen hoffte, und die Tochter des Bischdorfer Pfarrers erschien ihm wie ein rettender Engel.

Daß auch dieses Glück nur ein Traum war, den der von seinem unversöhnlichen Vater verstoßene und verfluchte Dichter sich aus den Augen reiben mußte, zeigt uns das nach der letzten Scene im väterlichen Hause beginnende ziel- und ruhelose Wanderleben im Schlesischen Gebirge.

Als Leonore 1722 ihren Erstgeborenen bald nach seiner Geburt verlor, erwachte Günthers Sehnsucht nach der fernen Geliebten mit der alten Glut. Konnte er nicht bei ihr sein in den Tagen ihres Schmerzes, so sollte sie doch ein inniges Lied und ein tiefempfundener Brief über ihren Verlust trösten. Die vielfach genannten Gedichte (G. p. 822 u. 231) wären, hätte uns Günther nichts als sie hinterlassen, allein im Stande ihm und seiner Liebe unsere herzlichsten Sympathien zuzuwenden.

Anhang.

Inedita.

I.

Brief an Herrn Hans, stud. phil. et theol. **nach Leipzig*).** (Vgl. N. p. 153.)

1) Ein treu und junges Blut vergaß der Frühlings-Lust
Bei Wettern um das Haupt und Pfeilen in der Brust,
Und wurde, weil die Gluth sein Vatertheil verschlungen,
Von Blöß' und Dürfstigkeit zu mancher Schuld gezwungen.
Der Wechsel that gewis dem guthen Menschen weh. 5
Vor diesem blüht' er zwar an Hoffnung in die Höh',
Er liebte Fleiß und Kunst so brünstig als das Leben
Und hilt sich von Natur der Wißenschaft ergeben.
Und weil nunmehr die Noth zur Tugend werben muß,
Begehrt er Hülff' und Rath, doch nirgends fiel ein Schluß. 10
Freund', Eltern, Herr und Knecht verschloßen Herz und Thüren,
Die Spötter zischten nach: jezt mag er Hunde führen.
Vier Jahre liefen hin. Es war ihm nicht um sich,
Nein, unbandbahre Welt! es war ihm bles um dich,

---

1) Wir geben den im Original vorliegenden Alexandrinerbrief nebst seiner lat. Nachschrift vollständig wieder, weil er von dem Druck in unzähligen Stellen auffällig abweicht. Die nachfeilende Hand ist schwerlich die des Dichters selbst gewesen, da die wohlgemeinten und meist auch geschickten Veränderungen nicht Verschlechterungen aber doch Abschwächungen der ursprünglichen Fassung sind.

Daß, ob er noch so gern dem Nächsten dienen wollte, 15
Sein ausgeführter Fleis so fruchtlos streben sollte.
Es schien ihm alles gram, und wie man spricht, gemacht,
Und was er noch so gut und reblich angebracht,
Das lief dem Krebse nach. Viel, die sein treu Gewißen
Mit eigner Hindernüß vorher aus Noth gerißen, 20
Vergolten Huld mit Spott, wie alle Boßheit lohnt.
Frost, Hunger klagt er nicht, er war ihn schon gewohnt.
Nur klagt er, daß ihm noch bey solcher schweren Bürde,
Gelehrter Männer Schutz aus Neid gestohlen würde.
Die Länge brach den Muth. Er fiel aus Schwachheit hin: 25
Und wenn ich denn so gar dein letztes Stiefkind bin,
So würge mich dein Zorn nach angenommner Buße,
Du Wesen in der Höh', bey diesem Gränzen-Fluße, *)
Damit das böse Volck und auch mein Vaterland,
Mein Grab ihr Unrecht seh'. Hier lag er nun und band 30
Den krancken Fuß mit Stroh und krümmte sich im Kalten,
In Hofnung durch den Blitz Erlösung zu erhalten.
Mein Bruder, wünsch' es ihm und lis den Klage-Brief,
Der nechst in Austens Haus und Markarb's Hände lief,
So siehstu was ich will, und hast vielleicht Erbarmen, 35
Ach, Bruder! küst' ich dich nur einmahl in den Armen,
Was wär es mir vor Trost. Dein rein und weises Herz
Versüst mir oftermahls die Wunden und den Schmerz.
Ach hätt' ich jezt die Lust der klugen Nacht-Gespräche,
Ich glaubte, daß ich so von Edens Aepfeln bräche, 40
Das Leben hab ich noch, wer weis, wie lang auch dis
Und was ich irgend weis, sonst alles hat der Riß
Der Schidung hingerafft; es möcht' auch gerne fahren,
Die Erde giebt uns doch zu ihren eitlen Wahren
Kein ewig Erbgangs-Recht; ich seh' es ohngefähr, 45
Doch wenn nur die Natur dabey so gütig wär,
Und unsrer Menschligkeit ein fester Herze gönnte,
Damit man ohne Zwang der Lust entbehren könnte.

---

*) Queis an Lauban (Anm. d. Dichters).

Allein, wo ist doch wohl so gar ein tapfrer Mann,
Der stets und überall sich überwinden kan,
Das Fleisch verführt den Geist, und Adams alte Tücke
Schlägt, kämpft man gleich aufs Blut, oft unversehns zurücke,
Die Unruh hat wohl Grund, erwäg' es theurer Freund,
Man stellt sich vielmahls vor, es sey recht wohl gemeint,
Und thut so viel man kan, das Elend zu ermüden.
Des Glückes Eigen-Sinn ist gleichwohl nicht zufrieden
Und braucht zum öftern gar das, was man weislich thut,
Zu Wasen wieder uns. Die Galle geht ins Blut
Wenn die, so Schaden thun, blind, thöricht seyn und leben
In sichrer Schwelgerey, uns Armen Streiche geben.
Wie stehts am Helicon! Da kommt ein reicher Geck
Mit Latten¹) an das Bret und stößt die Demuth weg,
Die mehr verdient als zeigt. Auch ofenbahre Thoren,
Die noch vor kurzer Zeit des Müllers Esel schoren,
Berupffen ietzt ein Dorf und drucken manchen Stand,
Die Weisheit siehts und weint und bettelt durch das Land.
Mein wunderwolles Ohr²) hört noch nicht auf zu gellen,
Seitdem es selbst erfährt, wie Misbrauch und Verstellen
Den höchsten Ruhm entweiht. Wie mancher Simon lauscht
Um Hall' und Sacrystey biß daß der Steiff-Rock rauscht,
Und reicht hernach der Frau den Beuthel an der Seite,
Damit ihr Vorspruch ihm zwo Stimmen mehr bereite.
Man hält nicht Priester-Wahl, man hält nur Auction.
Zwölfhundert; funfzig mehr; das hat der Nachbar schon.
Noch hundert; sechzig drauff zum erst' und letzten Mahle;
Zwey Tausend voll; schlag zu; der Herr bekommts; er zahle;
Hier ist's; den Leib-Rock her, und stimmt Te Deum ein,
Die Glocken schlagen an; indeßen wird der Wein,
Das Salböl heimgeschaft, die Väter gehn nach Hause
Und ziehn den Gottes-Mann zum hochbezahlten Schmause.

---

1) Mit Latten laufen heißt so viel wie ein windiger Fant sein.
2) gleichbedeutend mit: mein Ohr, das voller Neuigkeiten ist.

So gehts, gelehrter Freund! das Urtheil steht dir frey¹).
Noch weiter thut mir weh: die nahe Barbarey
In rechter Wißenschaft ist wohl nicht abzutreiben;
Man fraget, bringt sie Geld? Wo nicht, so laß es bleiben
Und nimm die Brob-Kunst vor. Kein gründlicher Beweis,
Kein klug und nützlich Wort, kein schön und reifer Fleiß,
Ich hab' es wenigstens bei Vielen wahrgenommen,
Pflegt oft den ganzen Tag im Reden vorzukommen.
Beruft man sich auf Grund, so heißt es Grillenfang,
Erzehlt man was geschieht, so wird ein starcker Zanck,
Versucht man nett und scharf und sinnreich wohlzusprechen,
So lobt es kein Geschmack. Ein Sauflied aus den Zechen
Bekommt weit mehr Verbrang²) als das was Flaccus singt,
Und Neukirchs Zärtligkeit der müden Liebsten bringt.
Ja käm' Ovidius, den Hof und Mägdgen ehren,
Ich schwör' auf seine Flucht, sie würden ihn kaum hören;
Ich schweige, Klug-Verstehn³). Was kommt nun aufs Tapet?
Pferd, Jahrmarckt, Conto, Post, Proceß, Accis, Labet,
Neid, Nachred, Erbsen, Stoff, Ball, Complimente, Lügen,
Fluch, Zeitung, Allmanach; ach seht es giebt schon Fliegen,
Schu, Moden Fricassee, und was den Reim nicht schmückt,
Und das so ordentlich wie hier dein Aug' erblickt.
Ja was am ärgsten ist bey Männern, die sich brüsten,
Als wenn nur sie allein Gelehrte schätzen müsten.
Es wär auch alles gut, nur beßer angewand,
So aber schwazt man stets ohn' Absicht und Verstand.
Du weißt wie ich und du auch oft bey schlechten Dingen
Vernünftig stille stehn und Gold aus Schlacken zwingen.
Du Himmel hörst es oft, wie sehnlich wünsch' ich mir
Zeitlebens einen Freund (jezt hab ich ihn an dir)

---

1) Hier stehen in den Ausgaben vier ziemlich matte und unbedeutende Verse, die im Manuscript ganz fehlen.
2) Vertrieb, Absatz.
3) Anrede: o Klugverstehn! d. h. deine Weisheit versteht mich.

Mit dem ich fähig sey den Lauf der eitlen Sachen
In sichrer Niedrigkeit verständig zu belachen¹).
Gorn, Austen, Baro*), Vogt**), du, Birnbaum, Marckarb, Hahn,
Ihr seyd es, derer Bund mein Herz erfrischen kan,
Und welcher wegen ich, so viel mich Stürme faßen,   115
Mich noch nicht zwingen kan das Leben gar zu haßen;
Sonst hätt' ich Recht genug. Gott weis, wohin ich geh,
Damit mein Wohlergehn im Alter grüner steh,
Ich seh, des Himmels Grimm hört doch nicht auf zu schlagen.
Drum hab' ich mich erboost, durchaus nicht mehr zu klagen.   120
Ich liege, wo ich kan, und leide was ich muß,
Ist Wanßner***) Guth noch da, so nenn ichs Ueberfluß,
Und bin wie Epicur, der, wenn man Käse brachte,
Nicht jeden schlechten Tag mit solchem herrlich machte.
Und wenn mir unverhoft was Guthes wiederfährt,   125
(Die seltne Kleinigkeit ist kaum der Rede werth)
So mach ich mich vergnügt, so schimpf ich alle Sorgen
Und denke was es heißt: der Tod hält nichts vom Borgen.
Siehst du, was klüger sey, so theil' es freundlich mit,
Wo nicht, so folge nach. So bald mein Schenckel tritt,   130
Besuch' ich euch geheim; schweif' aus und räume Pfeiffen
Und las auch Brummers Frau den besten Packt²) ergreifen.
Aus Dreßden hör' ich gern, daß dieß wornach ich stund,
Auf Hamburgs Dichter fällt: der Mann hat Geist und Grund³)

---

1) Die nächsten vier Verse fehlen im Druck.
*) Baro doctor juris in Breslau, artiger, ingenieuser und gelehrter Mann. Anm. des Dichters.
**) Vogt, junger Advokat in Breslau, geschickter Mensch. Anm. des Dichters.
***) Wanßen ein Flecken bei Breslau, wo viel Toback wächst. 6 Ellen um einen Dreier. Anm. des Dichters.
2) Provincialismus für Packet.
3) Klingt hier nicht wie Ironie, sondern wie Bescheidenheit. G's. Concurrent beim Dresdener Hofe scheint demnach ein Anderer gewesen zu sein als König, der in dem „Gespräch zwischen Günther im Reich der Todten und einem Ungenannten im Reich der Lebendigen" verdächtigt wird, seinem Nebenbuhler den verhängnisvollen Ehrentrunk in der Anti-

Und läßt den Pegasus nach Hofart glücklich traben: 135
Ein König, wie August, muß solchen König haben.
Dabey ergötzt sich auch mein innerlicher Sinn,
Daß jener Waßermann, der Dichter obenhin,
Der mich vordem verschnitt, den schon gehoften Bißen
Wie dort Aesopus Hund, mit Recht verlieren müßen. 140
Die Rache stellt sich ein; bedächt' es Choerilus[1])
Auff den ich mit Gewalt die Striegel schärffen muß:
So säß' er als ein Fuchs dort im Gebürge stille
Und reizte meinen Zorn mit seinem Reim-Pasquille.
So glücklich bin ich stets, ich fang' auch ungestellt, 145
Und ob gleich manches Blat die Gecken-Haasen prellt,
So stehn sie doch nicht ab auf späte Reu' zu scherzen,
Jetzt wunderts mich zwar nicht, sie mehren sich im Mertzen.
Zerbrich dir nicht den Kopf, wer hier begriffen sey;
Von Goldberg Meister Fritsch, ein Maul voll Milch und Brey, 150
Und dessen Läster-Schrift[2]) mich noch im Zweifel wäget,
Ob Boßheit oder Wurm mehr Hand ans Werk geleget?
Die Zeit muzt alles auf. Er paart sich zum Crispin[3])
Das Joch ist stark genug den Satyr fortzuziehn[4]),
Als der sie im Triumph mit Stock und Geißel plaget 155
Und unter Röth' und Schimpf durch Zeit und Länder jaget.
Vermag ich sonst gleich nichts; so herrscht doch wohl mein Kiel,
Er macht aus Feind und Neid der Welt ein Poßenspiel
Und schreibt auch gegentheils die Nahmen kluger Brüder,
Mit Ruhm und Danckbarkeit in dauerhafte Lieder. 160

---

chambre beigebracht zu haben. Jener „Waffermann, der Dichter obenhin", hat die Stelle des Hofpoeten ebenso wenig erhalten als Günther;
es erging ihm wie dem Hunde bei Aesop, und König schnappte als
Dritter den Bissen weg, um den die beiden Anderen stritten.

1) G. p. 390, V. 4.
2) Dissertatio moralis expendens odium de carminibus
gratulantium metuendum. Siehe Inedita V.
3) Theodor Krause in Schweidnitz (G. p. 491.)
4) Vgl. das Epigramm auf Crispinum u. Choerilum G. p. 553.

Mein Bruder! Bleib auch mein und nimm damit vorlieb,
Verbindet uns kein Blut, vermählt uns doch der Trieb
Gelehrter Redligkeit und gleicher Unglücksgrillen,
Nur daß die lezten mir das Maas gehäuffter füllen.
Ich habe viel mit dir, der Bogen wird zu knap, 165
Mir brech ich nicht zur Lust, doch dir zum Besten ab.
Nur nichts von alter Treu, doch viel von andren Schwänken,
Die theils das Herz erfreun, zum Theil auch einsam kränken.
Indeßen schlaff¹) voraus. Mein Postgeld ist nicht gut.
So wohl ein grünes Tuch geschwächten Augen thut: 170
So kräftig wird dein Blat mein sehnlich Herz erquicken;
Du must es nur sein voll und augenblicklich schicken.
           Günther.

2, Mi Haasi charissimum caput!²)

Statum miserrimum ex his item Austenii et Marckardi literis, quas velim etiam legas et quidem statim, colliges. Pedum tumore hic Laubani gravissimo decumbo, spe, peculio et omnium ope destitutus. Quicquid ad consolationem meam conferre poteris, amico integerrimo negare noli. Nec locum ubi jam commoror nec literas ulli praeter supra nominatos indica. Scis causam. Quascunque rerum vel scriptorum meorum ab interitu et aliorum manu eripere potes, diligentissime serva. Scribe proximo nuntii publici reditu, ut sciam, utrum adhuc Lipsiæ et ubi habites. Mone etiam Marckardum et dominum Austenium ut idem, ni grave sit, benevolentiæ specimen integritati meæ tribuant. Summos inter lateris (?) pedum et febris instantis tumultus plus quam duo millia versu-

---

1) schlaf'.
2) Das lateinische bisher unbekannte Postscript füllt im Originalmanuscript den Bogen vollständig aus und ist außerdem noch gleich dem Gedicht in zwei Abschriften vorhanden.

um hodie et per noctem praeteritam pepigi, quibus hosce et omnes, quos Lipsiam misi, adnumero. Sic miseris venit solertia rebus. Ultra quatuor hebdomades aëre liberiori frui non licuit. Obsecro humanitatem tuam, imo obtestor, ut domino Austenio miseriam meam commendes. O quam vellem inter amplexus et osculationes sortem meam vestris lenire colloquiis. Sed quid Birnbaumius [1]? quid aedes Petermannianæ etc.? Certiorem me etiam tui status facias, laetum illum esse apprecor. Carmina Austenio [2] et Marckardo missa iterum moneo monstrari jube et perlege et illis hanc tuam etiam epistolam communica. Marckardo mei nomine injunge, ut omnia mea ad Austenium scripta ad describendum expetat, item tua et illa meis schedulis inserat, quas si forte his nundinis patriam ropetiturus sit et tu Lipsiæ manes, tibi integras tradat ad conservandum. Aucupare famam sed tacite, quid homines malevoli mussitent. Hoc te scire dignum puto, me totum imposterum medicinæ deditum. In via jam dignissima sane huic scientiæ et arti inservientia media lucratus sum, tum ex consiliis practicorum veteranorum, tum ex sedula observatione climatis et mutationum epidemicarum in Silesia. Vale! Adresse an mich liegt herinnen.

---

[1] N. p. 50; 132, 133, 134; 183. Christ. Gotth. Birnbaum, Student der Mathematik und Philosophie in Leipzig.

[2] Candidat der Philosophie und Jurisprudenz in Leipzig. N. p. 46.

II.

Das erste Günther'sche Taschenbuch der Breslauer Stadtbibliothek trägt auf der Innenseite des Umschlages das Autograph des Dichters: „Johann Christian Günther von Striegau aus Schlesien phil. poës. 1719", und hat folgenden von ihm selbst geschriebenen Inhalt:

1. Die Ode: „Euch Musen dankt mein treu Gemüthe" G. p. 181, dat. Dresden d. 10. August 1719.
2. Das Gedicht: „Auf der Abreise von Dresden in sein geliebtes Schlesien" d. 2. Sept. (die Strophen 3—8 fehlen), G. p. 183.[1)]
3. Der Wechselgesang zwischen Damon u. Lehnchen, G. p. 269.

[Das Gedicht ist der Horazischen Ode „Donec gratus eram tibi" Lib. III 9.] nachgebildet. Seinem Inhalt Motive persönlicher Art unterzulegen — die Namen Lehnchen und Lorchen haben dazu verführt — ist hier kein zwingender Grund vorhanden, wenn man sich daran erinnert, daß Günther viel aus lateinischen und griechischen Dichtern übersetzt hat. Daniel Wilh. Triller[2)] giebt in seiner poetischen Verherrlichung Günthers Zeugniß davon mit den Versen:

„Ich gedenk' noch oft und viel
An die angenehmen Stunden,
Die bei Phöbus Saitenspiel
Uns im Pleißathen verschwunden.

---

1) Günther schreibt, wie in den Ausgaben zu lesen, Lehngen und nennt seine in Sachsen zurückgelassene Geliebte hier: Lorchen.

2) Arzt und Dichter in Wittenberg, der Verfasser der neuen äsopischen Fabeln (1740) und Uebersetzer Niederländischer Schauspiele (1723).

Damals mußt' Anakreon
Deutsch von Dir verstehen lernen,
Und Du sangst vom Lauf der Sternen
Einen geisterfüllten Ton."

und bemerkt dabei: „Dies geschah zu Leipzig, ohngefähr im Jahre 1717 oder 1718, wo wir zusammen die besten Oden des Anakreon deutsch übersetzten und einander oft vorlasen; doch ich wollte meine Uebersetzungen gern alle verloren haben, wenn nur noch einige von Günther übrig wären." Die vorletzte Zeile der citirten Strophe deutet auf eine Nachahmung der Ovidischen fasti hin, die Günther, wie Triller berichtet, mit Berücksichtigung der neueren astronomischen Forschungen abfassen wollte. „Das Werk war schon ziemlich angewachsen und in ein dickes Buch in Quart geschrieben, worinnen auch die gedachten Anakreontischen Oden und andere Gedichte zu finden waren Wo aber dieses Buch hernach hingekommen, ist unbekannt; der Verlust aber desto gewisser." (N. p. 280). Daß Günther auch eine deutsche ars amandi zu dichten vorhatte, rühmt er in den „Letzten Gedanken" (G. p. 842).

„Die geheime Liebes-Kunst, so ich ziemlich ausstudiret,
Und verböth' es nicht die Zeit, einst in Deutschland aufgeführet,
Schenck' ich dem geschickten Kopf, der nach mir die Laute nimmt
Und sie mit gelehrten Griffen nach der Griech'schen Cither stimmt."]

4. Die Ode: An seine harte Schöne „O geh nur, harter Sinn" G. p. 268.
5. Das Schreiben an Hrn. Brandenburg aus Mecklenburg G. p. 377.
6. Die Ode: An sein Lehnchen „So soll und muß es sein" G. p. 299.
7. Den Brief in Alexandrinern an Hrn. Gottlieb Milich, kaiserl. Rath u. Assessor in Schweidnitz. N. p. 230.
8. Die Cantate: „Allein und doch vergnügt." Dresden in einem königl. Garten G. p. 354.

9. Das Epigramm an Leonoren „Als er sie nach vier Jahren wieder das erstemahl empfing." Breslau December 1719. „Die Regung ist zu scharff" G. p. 557.
10. Den Brief an Leonore: „Mein Herz, was fangen wir noch mit einander an" Breslau b. 25. Dcbr. 1719. N. p. 228.
11. Das Gedicht „Als er im Garten mit ihr spazieren ging"[1]) Bratislaviae b. 10. August 1720. N. p. 196.
12. Das geistliche Lied: „So will ich mich durchaus nicht kränken" G. p. 89.
13. Den ersten Entwurf zu dem poetischen Einfall „Als Leonore nothwendig die Unterredung unterbrach" G. p. 559.[2])
14. Vier beinahe unleserliche Strophen eines unvollendeten Gedichts:

    „Ihr liebsten Lieder . . . .
    Was soll ich noch von euch erleben
    . . . .
    Die meisten, so die Welt erblickt,
    Sind . . obenhin gekommen
    . . . sie laufen gar verstreut
    Ach würden sie doch . . .
    Von guten Freunden aufgehoben."

[Dieses Bruchstück lehrt uns seinem Sinne gemäß, wie ängstlich Günther für das Schicksal seiner Musenkinder besorgt war.[3]) Er überwachte, als er erst berühmt geworden war, jedes einzelne Gedicht; und es ist kaum anzunehmen, daß unbekannte Stücke von größerer Bedeutung der Lesewelt vorenthalten geblieben sind.]

15. Zwei schwer zu entziffernde Strophen, die etwa folgende Worte erkennen lassen:

---

1) Daß in der ersten Zeile Lorchen und nicht Lehnchen zu lesen ist, haben wir oben nachgewiesen.
2) In extenso oben reproduzirt.
3) An Belegen hierfür fehlt es auch anderweitig nicht. G. p. 812 u. die latein. Briefe.

„Dein unverhofftes Abschiednehmen
Erlaubte meiner Angst kein Wort,
Ach, liebster Freund, nun bist du fort.
Nun fang' ich an mich erst zu grämen.
Dies neue Sehnen macht mich schwach

Die Noth verbittert dein Entfernen,
Nun hab' ich nichts als Gott und mich."

16. Eine unvollendete Strophe mit dem Datum Brieg den 23. August;
„Hat dies noch meiner Noth gefehlt,
Schon gut, ihr falschen Pieriunen"...

17. Die Aufzeichnung mehrerer Arzneimittel, wie Polychrest, Rhabarber, Vitriol, China u. s. w.

18. Das Concept eines lateinischen Briefes aus Breslau an seinen Freund Haas.

Hasio suo salutem dicit Güntherus:

„Extrema patior, amice integerrime! ab omni nempe spe et auxiliis emergendi derelictus. Omnia in caput meum conjurant fata, parentum miseria, sororis querelae, Maecenatum inopia, corporis languor, malevolorum risus et bonae — ut plurimum — mentis soror paupertas. Nihil tamen magis animum afficit quam seculi nostri in bonas literas injuria. Optima etiam ingenia magno conatu nugas agunt, et si qui sunt qui solidiori rerum cognitione imbuti promeritos munerum honores ambiunt, omnis iisdem praecluditur aditus, et vel acerbo theologorum (si Diis placet) odio legulejorum fraudibus (?) vel medicastrorum impudentia exagitantur. Plurimi eorum qui eruditi nomen tueri volunt, omne tempus, omnem industriam in coercendis opibus ponunt rectaeque rationis usum temere quasi brute affixi inter lites et vectigalium tabernas pereunt. Pudet profecto seculi nostri in facie posteritatis, nullus honor Musis, nullus humaniorum literarum sensus, omnia perturbata et afflicta. Neminem fere nisi me ipsum habeo a quo solatium petam. Mecum loquor, caetera mutus. Perpaucos quos in fine nominabo, in Silesia inopia Pieridum amicos inveni. Suidnicii cum Crusio antagonista praesens cum praesenti lites composui, et quamvis hominis audacia multum famae et fortunae meae detrimentum dedit malui tamen illum promisso imposterum silentio de mea animi integritate convincere quam ignobili de illius ignavia triumpho innatae altercationis nomine me aliis reddere suspectum. Satis mihi poenas dedit impudens infortunii sui faber, misericordia potius quam ira et invidia dignus, praesertim quum omnium honestissimi illum despectui habeant. Vratislaviae jam per 5 septimanas commoror et Maccenatum jucundia et amicorum confabulationibus mali mei sensum obtundo. Baro quidem nomine doctor et juris et aliarum rerum scientia optime instructus multas mecum noctes et mero et amore frangit."

Die letzten Blätter des Taschenbuchs sind zerrissen und zum größten Theil ausgeschnitten. Ueber einem Gedichtsconcept findet sich noch die Jahreszahl 1721.

III.

Das zweite Günther'sche Taschenbuch der Breslauer Stadtbibliothek besteht aus sechzehn in der Mitte zusammengefalteten und mit einem Seidenfaden aneinander gehefteten Quartblättern, die ein Oktavbüchlein von 64 Seiten ausmachen und ist ebenso angelegt als das andere vorher beschriebene Manuscript aus den Jahren 1719—21. Das erste als Umschlag benutzte Blatt trägt das Datum Landeshut d. 21. Juni 1722. Auf der nächsten Seite sind eine Menge von Notizen verzeichnet, die alle auf Landeshuter Personen und Verhältnisse Bezug nehmen. So weit es uns gelungen, diese Kritzeleien zu entziffern, haben wir Folgendes ins Reine gebracht:

1. a) Hr. von Beuchel[1]) pro colenda memoria . . . aufzuschreiben.
   b) Hr. von Beuchel „O Muse meiner Poesien"[2]) Frau von Bressler.
   c) Register meiner besten Carminum.[3])
   d) Hr. Michael[4]) etliche Bücher.
   Andere meiner Sachen.

---

[1]) Elias v. Beuchell, einer der größten Wohlthäter Günther's, ist d. 24. März 1660 geb., d. 20. Juni 1723 gest. Sein Sohn Christoph v. B. starb 31 Jahre alt d. 26. Aug. 1737, war ein Schüler Günthers und bei dessen Aufenthalt in Landeshut 16 Jahre alt. Vgl. Steinbach p. 86., die Gedichte G. p. 239. 395. 472. 546. 658. 844. 1094 und die von uns publicirten deutschen Briefe 3 u. 8.

[2]) Ist verloren gegangen, wenn nicht das Gedicht N. p. 239 damit gemeint ist.

[3]) Vgl. die von uns publicirten lateinischen Briefe an Seidel u. Jacobi 3, 4 u. 5.

[4]) Ein akademisch gebildeter Kaufmann in Landeshut (G. p. 658).

e) Hr. Gottfried Rasper's¹⁾ Arie.
f) Hr. Heinrich Stammbuch.
g) Hr. Beuchel Stammbuch.
h) Hr. Liebenwald zum Abendmahl Montags.
i) N.B. Kupfer abziehen.
k) Hr. Michael Abschied.²⁾
l) Hr. Speer³⁾ Flinte. Hr. Speer wäscht Beuchel's Perruque imprimis den Beutel.
m) Hr. Wirth Andenken.
n) Frau Klugin⁴⁾ Leichentext.
o) Hr. Bartsch zum Andenken Ode.
p) Hr. Dr. Sommer ins Stammbuch.
q) Carmen vor Hrn. v. Beuchel abgeschrieben; meine Abschiedsode an die Welt item an ihn gemacht.⁵⁾
r) Hr. Kühn 3 Thlr. Barbier 2 Glbn. Wäscherin 22 Sgr. Rasper 4 Thlr. Kleid 1 Thlr. Boten 2 Glbn. Rasper jun. 6 Sgr. Michael 2 Glbn. 7 Kr.
s) Hr. Dr. Thebesius.⁶⁾ Hr. Haube Leichentext. Hr. Kretschmer weg nach Lemberg, da bey Hr. Feigen.
t) Hr. v. Pohl bei Hirschberg zu Eichberg.
u) 3. Hr. v. Beuchel's Geburtstag gewesen.
v) Indicem zu machen.
w) Abzuschreiben das unverhoffte Todeszeichen.⁷⁾

---

1) Kaufmann u. Kirchenvorsteher in Landeshut. Die Abschiedsarie „Gehab dich wohl, du lieber Freund" steht G. p. 188. Vgl. G. 910. 1092. 1093 und den von uns publicirten deutschen Brief 5.
2) G. p. 1094.
3) Theodor Speer, Advokat in Landeshut G. p. 484. Vgl. den latein. Brief 1 (?).
4) Die Gattin des Commerzienraths Christian Kluge ebend., der Beuchels Schwager war.
5) G. p. 114.
6) G. p. 393.
7) G. p. 114.

x) Frau Sparrin Leichentext¹, 12 Tob. 2.
N.B. Und weil du Gott lieb warst. Symbol. Herr nach deinem Willen.
y) Latze's Hochzeitscarmen²) Cantate der Herbst.
z) Jungfer Dammin Geburtsfest.³)

Nach diesen, einen Blick in die kleinen häuslichen Leiden des in die Enge getriebenen Gelegenheitsdichters zulassenden Tagebuchnotizen geben wir, wie bei II., eine Inhaltsübersicht:

2. Vollständiges Concept des Brief-Gedichts (An Leonore beim Absterben ihres Carl Willhelm) „Mein Mitleid, glaub' es mir, betrübte Leonore" (G. p. 822).

3. Vollständiges Concept von „Crönt, werthe Eltern, meine Leiche" (G. p. 231). Der Titel „Zuruf aus der Ewigkeit" 2c. ist den zwölf vielfach corrigirten Strophen nachgesetzt.

4. Ach Gott was vor ein scheußlich Bild
Erschreckt mein Auge . . .
Thu, was du willst, gerechter Gott,
Bestrafe mich durch Angst und Noth

. . . .

Mit Thränen wasch' ich deine Wunden,
Ach sollte doch mein Leib in einen Strom zerfließen,
Ach daß mir die Natur nicht tausend Augen gab,
Ein ganzes Thränenmeer . . . . (zu vergießen). Fragment.

5. „Dein armer Dichter kommt schon wieder
Und fällt mit seiner Bürde nieder
Und sieht dich, weil er sonst nichts kan,
Mit Augen voller Schwermuth an.

---
1) G. p. 180. Das von Günther als Leichentext bezeichnete Gedicht gilt in den Ausgaben für eine Feier des Namenstages.
2) G. p. 787 (in fremdem Namen) p. 214 u. 178.
3) G. p. 175.

Er hat nichts mehr von ihren Thränen
Und kan vor Schwachheit nicht mehr schrein,
Mein Heiland, laß das stumme Sehnen
Ein Opffer um Erbarmung sein.
Izt schmerzt, izt sticht mich mein Gewissen,
Izt nagt es mit geheimen Bissen
Den Geist, dem vor sich selber graut . . ." Fragm.

Dicht unter diesen Anfängen zu innig empfundenen Buß= liedern steht — ächt Günther isch! — das cynische Epigramm:

6. „Es soll uns eine Frau so wie ein Buch vergnügen —
Wer aber will denn nun stets über Büchern liegen"
(G. p. 552).

7. „Wir Phoebus u. die Musenschaar" (Zettrischer Lossagungs- brief G. p. 747).

8. „Gute Nacht, du wüstes Leben,
Dem ich mich so lang' ergeben,
Als der Jugend Unverstand . . ." Fragm.

9. An eine gute Bekannte in Landeshut: „Gedenke von mir, was du willst" (N. 99).

10. „Du lockst mich, kluger Freund" (N. 235).

V. 31 ist zu lesen:
Und da der Schickung Glut
V. 34:
Kein Ort vergnüg' uns mehr
V. 42:
Carls warmer Gnadenschein.

11. „Was bringt ihr kleinen Weberinnen,[1]
Ist's Unglück oder sagt ihr wahr?
Ich werb' einmal nach viel Gefahr
Vor Kummerfäden Seide spinnen.

---

[1] Mit den kleinen Weberinnen sind wol Spinnen gemeint, deren Anblick für den Abergläubischen je nach Zahl und Zeit glückliche oder unglückliche Vorbedeutung hatte.

Wo kommt ihr unvermuthet her,
Gleich, da ich mich so mächtig (?) tränke
Und ängstlich hin und wieder deucke,
Gewis, dies Unverhoft ist nicht von ohngefähr.
Der Pöbel macht euch zu Propheten
Und wird bei eurer Ankunft froh,
Verhält sich's in der Warheit so,
So soll mein Abscheu euch nicht töbten.
Ja, ja, ihr bringt mir nach der Qual
Die Botschafft vom versteckten Glücke,
Und daß ich die gewiß erblicke,
Bestätigt . . . die gewisse Zahl." Fragm.

12—16. Unleserliche Fragmente lateinischer und deutscher Gedichte.

17. „Corvin, der vor der Zeit der Bibel Blumen stahl[1])
Und . . das Haupt der Geilheit auszuschmücken,
Erschien izt am Parnaß und in des Phoebus Saal
Und ließ den Korb voll Obst von reifen Früchten blicken.
Wie nun die Mädgen stets am ersten lüstern sind,
So kam die Musen-Schaar mit Vorwitz zugelauffen,
Um . . . . . . zu kauffen;[2])
. . . .
Jedoch ihr Appetit ließ hier . . ziemlich blind,
Denn . . . . Bissen
. . vor Laubesart . . . . . wär.
Die eine rieth . . und sprach von ohngefähr
Es müßten Mispeln sein und zwar aus diesen Gründen
. . . . innen Neues fand,
Thalia ist schon längst durch ihren Hohn bekannt."
. . . . Fragm.

---

1) Offenbar sollte das Gedicht eine Satire auf einen schlechten geistlichen Dichter werden.

2) Wie leicht G. producirte, ist aus seinen Concepten überall zu sehen. Sie zeigen meist dieselbe flüchtige Hand, welche Mühe hatte,

18. „Mein Geist bereite dich im Stillen" (Auf das Namensfest der Frau Magdalena Sparrin G. p. 100).
19. „Schönen Kindern Lieder singen" (Auf das Geburtsfest der Jungfer Regina Dammin, G. p. 175).
20. Leichentext „So ist nun endlich auch die Zeit der Wallstadt uns" (N. p. 223).
21. „Nun ist es wohl auch einmal Zeit" (Auf den Namenstag Herrn Lorenz Kriegels in Hirschberg, G. 1125).
22. Cantate u. Arie zu der Schäl-Kirchhofschen Hochzeit „Weg mit den Wollustsstimmen" (G. p. 352).

---

den vorauseilenden Gedanken nachzukommen. Eigentümlich und in hohem Grade charakteristisch erscheint die Angewohnheit, leere Stellen inmitten der Verse zu lassen. Seine Gedankenreihen wurden immer mit der zugehörigen Form zugleich geboren und durch den Endreim, der gleichsam das bezeichnende Schlag- oder Stichwort des Ganzen bildete, fixirt; so daß er bei seiner eiligen Arbeit oft nur das Reimwort am Schlusse des Verses zu notiren brauchte, um später den ganzen Vers, der inzwischen einen gereifteren Ausdruck gewonnen hatte, ohne Zwang und Nachdenken hineinzusetzen. Wo er dies zu thun unterlassen, fehlte es ihm nur an Zeit oder Laune; daher mögen nicht wenige seiner Gedichte von den geistlosen Herausgebern entstellt worden sein. Dieselbe Vermutung wird in der Vorrede zur sechsten Auflage (Breslau u. Leipzig bei Joh. Ernst Meyer 1764) ausgesprochen. „Daß Günther", sagt der Verf. der Vorrede, „nicht sehr leserlich schrieb, habe ich aus verschiedenen Handschriften, die der selige Hofrath von Hahn mir gezeiget, selbst gesehen; daß er bei seinen Aufsätzen, wo ihm der Vers nicht gleich so ausfiel, wie er ihn haben wollte, Lücken zu lassen pflegte, versicherte mich der Herr Bürgermeister Speer in Landshut, und die Beispiele in der Nachlese bestärken es auch. Beides hat gemacht, daß der erste Herausgeber viele Stellen nicht glücklich entziffert, und viele Lücken nach seiner Einsicht selbst ausgefüllet." Daß Günther seine Verse sehr sorgsam ausfeilte, versichert er in der Satire bei Adam Gorns Zurückkunft aus Leipzig (G. p. 355), die in keiner Auswahl seiner Gedichte fehlen darf:

„Man lauert, sitzt und sinnt, verändert, schreibt, durchstreicht,
Schmeißt Sylb' und Reim herum, versetzt, verwirft, vergleicht,
Ob Wörter und Begriff so wahr als zierlich rassen
Und in des Lesers Ohr ein gründlich Etwas lassen."

23. Zu derselben Gelegenheit: „Nächst stritten Wahrheit, Glück und Liebe" (G. p. 219). Im vollständigen Entwurf des geistvollen Festgedichts (hier trägt es die Ueberschrift: „Tod, Wahrheit, Glück und Liebe") finden wir eine Strophe, die schon beim ersten Abdruck[1]) weggeblieben ist. Sie führt die „Wahrheit" ein mit den Worten:

„Ich gehe nackt und ungeschmücket
Und bin schon von Natur so schön,
Es wird, wer einmal mich erblicket,
Bis in den Tod nicht von mir gehn.
Mein Beistand giebt auch blöden Herzen
Krafft, Nachdruck, Geist und Tapfferkeit
Und krönt sie unter Angst und Schmertzen
Mit Kronen der Beständigkeit."

24. „Mademoiselle![2]) Sie verwundern sich vielleicht nicht ohne Ursache über die Verwegenheit meiner Poesie, die als eine Ihnen unbekannte sich die Freiheit nimmt, Ihren künstlichen

---

1) Die Bresl. Stadt-Bibliothek besitzt im Ganzen 26 solcher ersten Drucke, von denen sechs freilich fremde, nicht von G. herrührende Arbeiten sind. Wie es auch jetzt noch bei Tischliedern üblich, wurden die zu besonderen Feierlichkeiten verfertigten Carmina durch eine gewisse Anzahl von Abzügen vervielfältigt und den am Feste Betheiligten oder Freunden und Bekannten zugestellt. Den vorhandenen Exemplaren liegt ein Zettel bei mit der Verschreibung:

„Daß mir Endes Unterzeichnetem auf einige zwanzig Stücke von noch ungedruckten Günther'schen Gedichten Hr. Blockberg fünf Rthlr. vorgestreckt, bescheinige hiermit. Verspreche solche künftigen 1. Martii 1726 mit Dank zu bezahlen. Dat. Leipzig d. 12. Januarii 1726.
Johann George Hamann, m. propr.

Dieser J. G. Hamann ist nicht mit seinem 1730 gebornen bekannten Namensvetter, dem Vorläufer der Sturm- und Drangperiode, zu verwechseln.

2) Ziemlich wahrscheinlich ist die Annahme, daß der Brief das Geleitschreiben zu dem Gedicht an Jungfer Regina Damm „Schönen Kindern Lieder singen" vom 8. August 1722 (p. 175) abgegeben hat.

und kostbahren Zeitvertreib mit gegenwärtiger schlechten Arbeit zu unterbrechen. Ich gestehe auch selbst diesen Fehler, der nur einigermaßen entschuldigt werden könnte, wenn ich mich auff die von einer galanten und klugen Mutter Ihnen angeerbte, so offt gerühmte Liebseligkeit und Begierde verlasse, mit welcher Sie, was mich ein gutter Freund überreden will, die artigen Gedancken einer aufgeräumten Muse zu lesen pflegen. Ob ich nun gleich die Schwachheit meiner eigenen Feder beßer kenne, als daß ich mir einbilden solte, Ihnen durch diese schlechten Reime einiges Vergnügen abzulocken, so schmeichle ich mir nichtsdestoweniger mit der Hoffnung, es werde die Ihnen, Mademoiselle, durch mich an den Tag gelegte Hochachtung vor dero wertheste Person den Mangel einer netten Schreibart ersetzen, und dero werthester Nahme diesem Blatte die vollkommenste Schönheit geben. In diesem Vertrauen läßt meine Schuldigkeit vor die noch offtmahls glückliche Wiederkunfft Ihres heutigen Nahmensfestes die kräfftigsten Wünsche fliegen, und versichert Sie alles gebörigen Respects

Mademoiselle
   dero gehorsamster Diener
      Günther.

25. „O welch ängstliches Betrüben" (Als er im Lieben unglücklich war G. p. 248).

Mit diesem Gedicht schließt das interessante Landeshuter Taschenbuch. Es würde uns zu weit führen, wollten wir außerdem noch alle die auf einzelnen Blättern verstreuten Güntherschen Manuscripte und Abschriften seiner Gedichte registriren, die sich auf der Breslauer Stadt-Bibliothek befinden. Wir haben uns auf das Wichtigste beschränkt und bemerken nur noch, daß auch die von dem Herausgeber der zweiten Auflage der Nachlese im Vorwort erwähnte „halbvermoderte" Handschrift hier zu finden ist. Die Mehrzahl der übrigen Manuscripte ist in vortrefflichem Zustande. Drei in einer

Copie vorhandene bodenlos gemeine Gedichte kennzeichnen sich durch ihren Inhalt als untergeschobene Machwerke. Ihre Anfänge lauten: „Nun ist es Zeit, Madame!" (An die Frau Rittmeisterin von P. Frau in K. im Namen des Herrn von N. aus W.), „Frauenzimmer liebt man immer" (Arie auf die Küsse) und „Die Mutter schläft, der Mann verreist."

IV.

Die hier zum ersten Male veröffentlichten lateinischen und deutschen Briefe Günthers bilden im Manuscript ein kleines Oktavheft, in welches sie in der von uns beibehaltenen Reihenfolge von einem Zeitgenossen und Freunde des Dichters eingetragen worden sind. Für die Aechtheit spricht außer ihrem Inhalt der Umstand, daß dieselbe Handschrift, untermischt mit der Günther= schen auch auf anderen losen Manuscriptblättern der Bresl. Stadtbibliothek zu bemerken ist. Ueberschrieben sind die Briefe mit dem Generaltitel „Landshuttensia" zum Unterschiede mehrerer nachfolgenden Gedichte aus verschiedenen Perioden. Wir sind in beiden Sprachen der Orthographie des Schreibers treu geblieben und haben zweifelhafte Stellen in den lateinischen Episteln, deren Lectüre durch eine Unmenge von ziemlich inconse= quent durchgeführten Abbreviaturen erschwert wird, mit einem Sternchen * angemerkt.

1.[1]

... Quicquid benevolentiae vel ab aliis Patronis vel etiam abs Te ex sincero affectu ad salutem meam vel existimationem profectum est, illud ipsum divino numini ad remunerandum commendo, firma spe fretus, fore, ut tandem studiorum meorum fructus in exteris terris capiens, publice testari possim, me patrocinio et amicitia non fuisse indignum. Noli vero hanc fidei mei ingenuitatem ita interpretari, ac si me abitus mei praecipitati poeniteret, noli etiam credere, me quoque absentem ex odio et iracundia Tibi imposterum officia humanitatis negaturum esse. Transeat fervor, transeat etiam nuperae disceptationis et acerbitatis memoria. Certe equidem ego illatam vel abs Tua levitate vel temeritate injuriam silentio et soluta inter nos familiaritate vindicabo, quod et Tu pariter facies. Accingor jam ad patriam relinquendam. Mitte relicta apud matrem Tuam, cui officiose gratias ago, lintea et vestem vetustam, quam hospiti Tuae servandam commisi. Ceterum ita mecum agas, ut de fide Tua politica (?) conqueri nequeam. Vale ultimum, et ut Tua etiam sors pedetentim magis magisque valeat, prudentibus consiliis cura.

2.

Viro multum reverendo Domino Kopischio Pastori ecclesiae Landshuttanae tantum primo quantum digno, Praesidi scholarum prudenti, Patrono Musarum mansuetiorum optimo, salutem dicit observans Günther.

Reficit adhuc mentem, Patrone optime, nuperae

---

[1] Der Anfang des wahrscheinlich an Speer in Landeshut gerichteten Briefes fehlt.

memoria jucunditatis, quam non solum ex cimeliorum pretiosiorum apparatu, verum etiam ex humanitate ista Tua, et doctrina cepi; gratulabar de Te tanto viro, ecclesiae vestrae, gratulabar patriae, gratulabar quoque mihi, mihi inquam, qui inter plurimas fortunae difficilis iniquitates misere lacessitus, nihilo secius commercia Musarum adnato amore prosequor, ac omni* earum affabilitate fruor, ac quemcunque solidioris scientiae cultorem et patronum integra animi pietate aestumo; bonis placere viris semper studeo, si itaque et Tibi placere studeam, nollem, ut vel levitati meae, vel ambitiosae mercenariae aut subdolae temeritati adscriberes. Erit proxime, ubi remotis arbitris Tibi coram praesenti praesens sinceri affectus documenta probare possim. Hac vice nihil est, quod magis desiderem, nisi illud, ut prudenti Tua benevolentia ac urbanitate imposterum quoque videar non indignus. Si quid est, quod amicorum dolor et pietas honori et cineribus affinis Grosstintziensis [1] per Musas Phoebo interprete dederit, mittere vel ad legendum velis summisse requiro. Hoc quod clancularius Musae meae labor impetu perquam praecipiti nomini Thebesiano [2] nuper consarcinavit, illo ipso vultu quaeso accipe, quo meum ex improviso accessum primum tolerasti. Salute conjugi suavissimae ante dicta nil nisi vota pro vestra utriusque incolumitate et meritis adnecto. Vale.

---

[1] Groß-Tinz bei Bohrau, Kreis Nimptsch.
[2] G. p. 393.

3.

Viro praenobilissimo et amplo Sommero Doctori artis salutaris prudenti itidem ac felici, Patrono humaniorum literarum singulari salutem dicit observantissimus Günther.

Praemissis pro salute familiae Tuae stabili sub anni recentis auspicium votis, adjuncta simul obsequii existimationis et integritatis erga Te meae commendatione, absens quoque humanitate Tua et doctrina et praesidio fruendi desiderium testor. Illud nempe desiderium, quod solidior amabilis et solidior eruditionis Tuae facundia in laribus Klugianis intra pectus meum nuper excitavit, orta est exinde pia inpraesens erga humanitatem Tuam confidentia, futurum esse, ut leve poëseos specimen judicio Tuo transmissum serena excipias fronte. Vale.

4.

Madame!

Soviel ich Ihnen verbunden bin, so wenig unterstehe ich mich Ihnen mit weitläuftigen Lobsprüchen und gekünstelten Worten meine aufrichtige Danckbarkeit verdächtig zu machen. Der Ruhm von Ihrer Klugheit und Güte bestehet ohnedem in Ihrem eigenen Verdienste, so wie meine Ehre in der Begierde dieses letzteres mit einem verschwiegenen Gehorsam zu erkennen. Ich werde bey meiner nächsten Aufwartung, welche Sie mir gütigst erlauben wollen, den rechten Grund und die wahren Ursachen meines so plötzlich und mit Verwirrung genommenen Abschieds mündlich entdecken. Daher ich vor dießmahl nichts übrig finde als das Zeichen meiner Schuldigkeit, Ihnen nehmlich bei gegenwärtigem Jahres-

Wechsel ein dauerhafftes und vollkommenes Vergnügen
anzuwünschen, nebst der redlichen Versicherung, daß auch
die geringste Gelegenheit dero Hochwertheftem Hause seine
Ergebenheit durch möglichste Dienste zu bezeugen niemahls
vorbeyhlassen werde, etc.

5.

An Herrn Christian Klugen jun.[1)]

Hoch Edler
    Hochwerthgeschätzter Gönner.

Daß Sie die aufrichtigen Wünsche vor den Wohl=
stand und das Wachsthum Ihrer hochwehrtesten Familie
bey dieser Zeitveränderung auch ohne weit hergehohlte
Beschwerungen meiner Ihnen stets ergebenen Muse gütigst
empfangen werden, versichern mich zum Voraus die von
Ihrer generosité bißher reichlich genoßenen Früchte, wo=
vor die gehörige Danckbarkeit niemahls vergeßen wird, etc.

6.

An den jüngsten Herrn von Beuchelt.

Monsieur Mon Patron.

Meine Muse setzte schon die Feder an Ihrer mir
außerordentlich erwiesenen Höflichkeit und Güte gehor=
samsten Danck abzustatten. Und ich glaube, es würden
ihr auch die Gedanken noch ziemlich gefloßen seyn, nicht
eben wegen ihrer eigenen Fähigkeit, sondern vielmehr
darum, weil der Werth von der Person, an die ich jetzo
schreibe, vermögend genug ist, dem kältesten Gemüthe
die glücklichsten Einfälle herauszulocken. Ich besann mich

---

1) Schmiedeberg 1721.

aber gleich bey dem ersten Reime, wie wenig man insgemein der in Versen offenbarten Redlichkeit zutraue; da ich nun sowohl jetzt als allemahl nichts mehr begehre als das Lob der Aufrichtigkeit und Warheit auch von Ihrem Beyfalle davonzutragen, so erkläret sich meine Danckbarkeit in einer ungebundenen Einfalt. Von dieser mögen Sie nun glauben, was Sie wollen, und etwan auf Veranlaßung scheinbarer und listiger Vorstellungen anderer von meiner Aufführung bei sich selbst in etwas geringschätziger urtheilen; mein gutes Gewissen versieht sich von Ihnen doch allemahl des Besten und rechtfertiget meinen plötzlichen Abschied mit dem eyffrigen Vorsatze Ihnen bey anderweitigen Umständen meine Ergebenheit desto deutlicher an den Tag zu legen. Ich erkenne meine Fehler so gut als ich sie bedauere, und nach und nach immer mehr zu verbeßern suche; einige aber davon sind so beschaffen, daß ich sie ungeachtet aller angewandten Mühe, ohne in einen beßeren und (?) äußerlichen Zustand zu gerathen, unmöglich verhindern kan: andere gegentheils sind Schwachheiten, die ich mit allen Menschen gemein habe, noch andere und zwar die meisten scheinen an mir nur denen so verächtlich, welche alles das, was sie nicht vor gut halten, augenblicks zu einer Tod-Sünde machen wollen. Die geschwinde Hitze und der mir schuldgegebene Eigen-Sinn rühren mehrentheils aus dem Umgange solcher Leute her, die aus angebohrener Leichtsinnigkeit fast Allen Freundschaft anbieten, diese aber zu unterhalten nimmermehr fähig sind, weil sie das Band der Vertraulichkeit mehr aus Hochmuth und Eigennutz als aus einer redlichen Liebe zum Nächsten und zur Tugend knüpfen. Bey allen ungegründeten Vorwürffen ist dieses mein letzter Trost, daß ich es mit allen ehrlichen Gemüthern so gut als mit mir selber meyne. Die folgenden Tage sind allemahl ein unpartheyischer Richter und werden auch künfftig in manchen Stücken meine Unschuld entdecken, die sich an gewesenen Freunden bloß mit Gedult und Verschwiegenheit zu rächen gedencket. Ein jeder trägt vor sich seine Haut zu Marckte, und so wenig auch ich meinen ärgsten Feinden das geringste Böses wünsche, so wenig kan es mir der Klügste verargen, wenn ich mich einer näheren Gesellschaft mit denjenigen entschlage, die nicht einmahl geschickt sind, sich vor sich selber inachtzunehmen, geschweige denn mit anderen so umzugehen, wie es die Rechte der Billigkeit, die Gesetze der Freundschafft und die Regeln der Klugheit erfordern. Dieß eintzige thut mir vorjetzo noch am wehesten, daß ich in etwas verhindert worden, Sie, Monsieur, Mon Patron, durch eine nähere Bekanntschaft völlig zu überführen, daß ich alle Ihre Wohlthaten, so groß sie auch immer sind, nicht so hoch schätze als Ihr lehrbegieriges, aufrichtiges und gesetztes Gemüthe, welches, da es dem meinigen an angebohrener Redligkeit sehr nahe kommt, den festen Grund zu einer wahren und unverbrüchlichen Freundschafft zu legen fähig ist. Indeßen versichere ich Sie einer unveränderlichen und treuen Ergebenheit mit dem hertzlichen Wunsche, daß es Ihnen allemahl nach Verdienst und folglich auch nach allem Vergnügen ergehen möge. Sie leben wohl und erwarten ins Künftige dann und wann einige Mißgeburthen meiner schlechten Poësie, mit nächstem aber die persönliche Aufwartung

Ihres

G.

7.

Werthgeschätzter Herr Bruder.[1]

Jetzt leb' ich in Schmiedeberg, und wo Gott will, bis künftige Ostermeße. Meiner Gemüthsruhe fehlt hier nichts weiter als Du und die Gesellschaft aller meiner

---

[1] Schmiedeberg 1722 an Herrn Michael.

aufrichtigen Gönner, Brüder und Freunde aus Landes=
hut. Den Tag über ergötze ich mich im meinem einsamen
Zimmer mit den gelehrten Auferweckungen etlicher lehr=
begieriger und wahrheitliebender Gemüter. Von der
Nacht bringe ich die erste Hälfte mit vernünftigen Selbst=
gesprächen und mit den Tröstungen meiner in allem
Wetter aufgeräumten Musen zu. Die andere Hälfte
unterhält meine Seele mit den angenehmsten Träumen
von Sachen, welche die Lust zur Wissenschaft und die
Sehnsucht, solche mit ehrlichen Freunden zu theilen,
wachend wünschet; übrigens brenne ich vor Begierde Euch
allerseits bald wieder zu küssen, in Hoffnung, dadurch
einen großen Theil des Aergernisses zu verschmerzen,
womit mich seit vielen Jahren die Leichtsinnigkeit und
Bosheit vieler Misgünstigen empfindlich gerühret. Der
Herr Bruder vermelde unbeschwert der ganzen Rasper=
ischen Abendgesellschaft [1] meine Ergebenheit und versichere
einen jeglichen davon, daß ich bei erschienenem Jahres=
wechsel auf sein Wohlergehen schon soviel Wünsche ge=
than, als mir binnen 2 Tagen Theilchen von dem
Tabakdampfe in die Luft geflogen. Die beigelegten
Getichte kan die Güte des Herrn Bruders, so wie sie
gezeichnet sind, abgeben. Ich erwarte von Dir mit dem
größten Verlangen eine etwas ausführliche Nachricht von
unterschiedlichen bei Euch vorgegangenen neuen Begeben=
heiten, und dies zwar, sobald als es ohne des Herrn
Bruders Verhinderniß geschehen kan, weil ich wohl unter
14 Tagen wegen einiger Unpäßlichkeit nicht so glücklich
sein dürffte, Eurer Gegenwart wieder zu genießen. Du
darfst die Briefe nur allemal hier bei Herrn Seidel ab=
geben lassen. Bin ich es würdig, so erhalt mir durch
Dein Zureden bei Euch die gute Neigung aller Gönner
und Freunde. Deinem lieben Weibgen wünsche ich zum

---

1) G. p. 910.

neuen Jahre die Art des Palmbaums, der, je mehr er gedrückt wird, immer höher wächst und desto mehr Aeste zeuget, Dir aber den Traum Jacobs aus dem 1. Buch Mosis am 31. v. 10. Lebe wohl und liebe mich so als Dein ehrlicher

G.

8.

An Gottlieb Raspern.[1]

Liebes Brüderchen. Du kennst mich so gut als Dich selber, und also bin ich der Mühe überhoben mit vielen Mode=Wünschen und Versicherungen meiner Aufrichtigkeit Deiner Gedult im Lesen beschwerlich zu fallen. Vor die von Deiner Güte so redlich und reichlich genossene Wohlthat hastu Dir meine Danckbarkeit von nun an auf ewig zu versprechen, und vielleicht wird auch einmahl eine Zeit kommen, welche viele Lästerungen meiner Verfolger zu Schanden machen und manchen offenbar überführen wird: Günther sey unter allen seinen verdrüßlichen Um=ständen mehr gewesen als geschienen. Gönne mir nur allzeit die von mir bereits erkannte Redligkeit Deines geneigten Gemüthes, und glaube, daß ich nebst einer gründ=lichen Wissenschafft und einer aus Erkänntniß der göttlichen Allmacht entspringenden Gemüthsruhe von der Welt keine anderen Schätze begehre als den Ruhm auch nur von etlichen rechtschaffenen Seelen, daß ich, die Schwachheits=Fehler ausgenommen, jeglichem von meinen Nächsten so viel als mir selber gegönnet. Das Glück, Dich bald wieder brüderlich zu umfangen, werde ich noch ein paar Wochen entbehren müssen. Sende mir nur sobald als möglich eine zulängliche Erzehlung von allem was sich Zeit meiner Abwesenheit merckwürdiges zugetragen, nebst

---

1) Schmiedeberg 1722.

meinen zurückgelaßenen Arien (insonderheit die: Will ich dich doch gerne meiden) [1] denen zwei geistlichen Gedichten und was Du sonst etwan lesenswürdiges hast. Daß ich auch nicht das beste vergeße: Ich habe gehöret, daß der Accis in allem fallen, der Aufschlag aber auf Frantz-Brandt-Wein u. Knaster-Taback 3 fach höher steigen solle; hum! Hilff mir doch aus dem Kummer und berichte mich: ob es in der Warheit bestehe. Von unsrem Schmiedeberg weiß ich Dir nichts sonderbahres in das Ohr zu sagen, außer, daß bißweilen meine Mädgen, wie die jungen Dinger pflegen, wenn sie der Kitzel sticht, von häußlichen Kleinigkeiten und handgreifflichen innerlichen Staats-Fehlern etwas zu lachen bekommen. Ein Dutzend neu verfertigter Arien, welche schon fast wie die warmen Semmeln abgegangen, und die Dir auch insonderheit wegen etlicher zärtlichen Melodien gefallen werden, will ich bey nechster Gelegenheit dem Hrn. v. Beuchelt sowohl als Dir zu geneigtem Urtheil übersenden. Wie ich jetzo hier lebe, darüber muß ich Dich wegen der Kürtze der Zeit und um eine faule Mühe zu ersparen, an den Brieff des Hrn. Bruder Michaels verweisen. An Deine liebwertheste Eltern mache nebst schuldigem Danck meine ergebenste Empfehlung, wie auch an alle gute Gönner und Freunde. Lebe wohl und bleib mein Rasper, wie ich
Dein Günther.

9.

Mademoiselle.

Nun wünsche ich, daß Ihr angenehmer Mund zu meiner Feder worden wäre, so würden Sie jetzo gantz gewiß die artigsten Gedancken und nettesten Ausdrückungen vor Augen sehen. So aber ist die erste Arie gar nichts

---

1) G. 275.

werth, und die andern haben außer dero wertheſtem Namen ebenfalls weder Geiſt noch Feuer. Laßen Sie mich nur bey Ihnen fein fleißig in die Schule gehen, ich verſichere in kurtzem ſo viel zu begreiffen als ich zur Auskleidung einer galanten, ſchönen und vernünfftigen Perſon in Verſen nöthig habe. Meine Freyheit Ihnen mit ſchlechtem Papier ſo offt beſchwerlich zu fallen, entſchuldige ich mit dero Erlaubniß und Befehl. Meine Poesie iſt noch ein jung und unerzogen Kind; erlaubt man ihr einen Finger, ſo thut ſie wie Leute ihres Alters pflegen, und nimmt die gantze Hand. Doch weil auch die Verſtändigſten offt an dem Lallen der kleinen Mädgen eine Vergnügung finden, ſo hoffe ich, Ihnen werde eben dieſe meine ſchwatz= hafftige, noch unmündige Muſe keinen Verdruß erwecken. In dieſem guten Vertrauen empfehle ich mich gehorſamſt und verſichere, daß dero öfterer Umgang niemanden mehr und vergnügter beßern ſolte, als eben Mademoiſelle dero ergebenen G.

10.

Madame.[1])

Hätten meine Getichte ſoviel Feuer als dero geſtriger Wein, ſo würden ſie Ihren Augen ſo würdig ſeyn, als ich vor meine Aufführung nicht einen geringen Vorwurff ver= diene. Jedoch da ich an Ihnen und der Mademoiſelle Tochter geſtern Frauenzimmer vor mir gehabt, die ſowohl Verſtand als Artigkeit beſitzen, ſo iſt mir lieb, daß ich mich vor Leuten blosgegeben, die die Schwachheiten anderer beßer zu beurtheilen wißen als der geiſtliche Pöbel. Uebrigens iſt meine Muſe Ihnen den größten Danck ſchuldig, denn durch die Gedult, ſo Sie ſich nehmen wollen meine ſchlechte Arbeit zu leſen, wird ſie

---

1) Wol an Frau Sparrin adreſſirt. Vgl. G. p. 100 u. 111.

erst angefeuert etwas Beßeres zu verfertigen, welches auch mit nächstem bezeugen soll, mit was vor Respect ich sey Madame dero ergebener G.

11.
An H. Hanns Gottfried von Beuchel.

Meine ungezogenen Kinder verdienen in Warheit keinen solchen guten Pflege=Vater, als sie bißhero an Ihrer Person gefunden,[1]) und die beschämte Muse weiß sich vor dero Liebe und Güte mit nichts beßer als einem ehrfurchtsvollen Stillschweigen zu bedancken. Glauben Sie, allerliebster Herr v. Beuchel, daß nechst der Güte des Himmels mich unter allen Verfolgungen nichts mehr zu den Wißenschafften anfeure, als Ihr redliches und kluges Gemüthe, und sind Sie versichert, daß auch mein Fleiß ins Künfftige nicht gar fruchtlos ablauffen soll, wenn nur einige geneigten Umstände mich in der Ruhe erhalten, um alle Verrichtungen und Gedancken zu meiner Beßerung und dem Dienste der gelehrten Welt anzu= wenden. Sie werden innerhalb 10 biß 12 Tagen in einem vor Sie verfertigten geschriebenen Getichte meinen ehrlichen Vorsatz weitläufftiger lesen,[2]) und dabey genau erwegen können, ob und inwieweit ich würdig wäre nur in etliche vergnügtere Umstände zu kommen. Msr. Speer kan sich versichern, daß ich von Grund des Hertzens alles leicht zu vergeben wiße, auch daher, wie ich wohl Ursache hätte, keinen weitläufftigen Zanck anzufangen gedencke; indeßen darff er es mir auch nicht vor übel halten, wenn ich durch so viel mir nachtheilige Plauder= hafftigkeit und durch einander geflochtene Verwirrung

---

1) Die Herren v. Beuchel hatten Günther veranlaßt eine Sammlung seiner Gedichte zu veranstalten und ihm dazu einen Schreiber geschickt.
2) G. p. 472.

einmahl weiter zu trauen schüchtern werde. Vielleicht giebt es Gelegenheit noch einmahl in Gegenwart mit Ihnen und ihm ausführlicher davon zu handeln. Die Kürtze der Zeit und allerhand Bemühung, meinen Zustand bey meinen Eltern auf beßere Wege zu bringen, erlauben mir jetzo nicht mehr zu berichten, und Sie werden, mein ehrlicher Hr. v. Beuchel gar gerne zufrieden seyn, wenn Msr. Boehmer dann und wann meine Feder wie Aaron den Mosen überhebt. d. 28. Febr. 1722.

12.

Suo . . . salutem dicit Günther.

Omnia bene, facile ac recte inter nos agent, si obliviscamur amici omnis dissidii nescio qua ratione orti. Quod mei erit officii erga Te et fratrem praestabo; quod Tuarum est partium ita constitues ut neuter nostrum de alterius dolo nec damno ingemiscat; cum praesertim verae amicitiae non sit numerare invicem beneficia. Recepi manuscriptum Jauroviense et jam in describendo dies ac noctes ad languorem usque corporis ex morbo nondum eluctati desudo, pretium ammanuensi Beuchelio [1] solvente. Poteris imposterum amice si placet quae* nondum habes a fautore isto expetere, plura sunt quae non displicebunt. Ad molliendam parentis iram exaravi carmen longius typis proxime tradendum. Si scopum attingo, bene, sin minus, nihilo secius jucundior patriae valedico, posteaquam nempe* omnia fecerim, quae filium decet et publice contestatus fuerim, qualis* sit animus,

---

[1] Der dritte Theil der ersten Sammlungen Günther'scher Gedichte ist Hrn. Hans Gottfried von Beuchelt von dem Herausgeber mit dem ausdrücklichen Vermerk gewidmet, daß das meiste im dritten Theile der Gedichte Enthaltene der Fürsorge jenes Patrons zu danken sei. Vgl. die Vorrede zum III. Theil der ersten Ausgabe von 1731.

quae causae ac circumstantiae tam diuturnae meae afflictionis et quomodo* se habeat contracta exinde vitae minus recte institutae labes. Hirschbergam intra 13. circiter dies ibo et per Schmiedebergam transiens (nisi Tu huc accedas citius) valedicturus, Tecum ultimo de instituendis imposterum vitae doctrinae ac commercii literarii rationibus colloquar. Cur scruta mea chartacea Beuchelio miseris, non video, nisi quod Te etiam abitum parare ex aliis intelligo. Ita mecum et cum Seidelio etiam imposterum age, ut amicitia successu temporis* singulorum nostrorum* et existimatione et doctrinae et fortunis jucunda animorum conspiratione incrementa ac securitatem contra externos fati et vulgi insultus asserat. Obliviscamur invicem errorum ac offensionum; exuamus simultates in pectore gliscentes; vivamus etiam in orbe dispersi animis conjunctissimi. Praeparemus senectuti (si qua restat) nostrae jucunditatem ex comprobata* per annorum seriem invicem fide oriundam. Aspiremus tandem aliquando ad verae gloriae laudes literis, humanitate, probitate ac erga omnes pietate stabiliendas. Consecremus vires et labores nostros nobiliores Deo ac Reipublicae, veritatique et sapientiae rudioribus prudenter commendandis. Excitemus alter alterum monitu et exemplis. Consolemur alter alterum suavi et candida integritatis contestatione. Cernamus alter alterius imbecillitates, ast cernamus non solum, sed etiam quae* corrigere nefas est* patienter feramus, propterea* quod* sapientissimi quoque diversi corporis et humanitatis vitio in omnibus eadem appetere aut refugere nequeant. Nil indignemur acerbius injuriam temporis aut vulgi minas, hoc semper* animo revolventes, quod praeter* recte factorum solatium suum cuique decus posteritas rependat. Vale frater, et patri ac fratri salutem affer. Landeshuttae die 8. Aprilis ipso meo natali Anni CIƆIƆCCXXII.

13.

Amico Seidelio amicus Günther.

Non indignor, frater charissime! At vero* acerrime doleo me malae fidei nomine suspectum Tibi tandem quoque esse*. Quid quaeso* Seideli amicissime! Quid est* quod ardorem Tuum contra me adeo infestum armaverit, ut dicteriis in levitatem meam epistolae adjectis fidele crucies pectus? Ride, ut lubet, temeritatem ac negligentiam, quarum habitum ex tanta et tam diuturna vexatione contraxi. Ride ignorantiam; ride philosophum sine ratione, quod putas aliud ac loquitur* agentem; ride quoque caeteras, quibus humanitas mea urgetur, nugas, ast, quod per veritatis amorem abs Te precor, ingrati ac subdoli animi scelus a me remove, et ab hac culpa innocentem absolve. Damnum Tibi a me datum objicis. Bone Deus! quid litigas; non refugio, non nego, utraque manu largior, et ut nosti, tum Tibi tum parentibus Tuis ingenue professus sum, me vestrorum beneficiorum numero ac pondere immerito cumulatum pudore suffundi. Quod peccaverim, interdum non credo, dum* video, ac detestor; sed peccavit quoque saepius rerum angustia, et quam* animus ut plurimum distractus evitare non potest*, dura necessitas. Homo homini aliquid mihi et humanitati communi dabis; immo non homo homini* sed* amicus amico. Licebit certe adhuc ante abitum ex patria Tecum praesentem loqui, et si quid adhuc fidei, veritatis ac pietatis erga me Tuae restat, multa, quae improbas, solidis rationibus diluam. Ne committe, frater suavissime, ut nostri utriusque dissensio malevolorum risui ac insaniae exponatur.

Habes me totum Tibi obstrictum; quocunque me offendas, modestia, amore ac fide ac patientia Te vincere posse, mihi ipsi gratulabor; tubulos Torricellianos, si recipere neget vitrarius, jube ut urbem nostram praeteriens ad me accedat et 6 aut 7 adjunctos simul pro* inani labore grossos auferat. Hac, credo, lege non morosior, negabit. Taedet Te, ut scribis, mendacia de morte puellae meae pro* Te sparsa; adverte modo, amice, mentem et considera sine bile utrum ex hoc capite, si quoque fabula sit, reus agi possim, quum* ego ipse adhuc dubius ancepsque haeream. Quae vero* sunt* istae subdolae mali politici induciae quibus vel famam vel fortunas Tuas lacessere conatus sim. Refer in melius consilia, amice optime! et pro judicii Tui felicitate ab omni affectuum aestu liber inquire*, utrum juxta aeque ac juste argumenta* talia objicere possis homini, imo amico, quem, ut pluribus abstineam, probe nosti, et cujus* si non externa auxiliorum officia, animum Tu probum ac ingenuum expertus es, imo, si Deus vitam ac vires largiatur, longe quoque absens semper* ac ubique eundem experieris. De capsula inter nos proxime agetur, ut et me a mercenarii doli suspicione liberes et Tu quoque non habeas, quod vel tantillum de damno Tibi dato conqueri possis. De solido, quem Speerius debet repetendo, ne cogitavi quidem amplius. Erit enim* forte aliquando ubi Tu ipse fidei ac prudentiae potius meae quam aliorum inniti ac* subscribere non* dubitabis. Bibliopolae* ego propinqua hebdomade solvam, et nisi Tu prior ad nos accesseris circa hujus* (mensis) finem Hirschbergam per vestram urbem profecturus ultima amicitiae nostrae* fundamenta* valedicens Tecum ponam. Ad fabulas et vulgi obtrectationes jam occallui, imo easdem mihi referri abhorreo. Carmen patris mei iracundiam leniturum et quinque fere plagis (quod vocant in folio) exceptum ibidem Hirschbergae impressum accipies. Triumphum de morbo ante victoriam cecini; si quidem capitis dolore ex nimiis forte vigiliis, quas manuscriptis Jaurovia receptis Beuchelio describendis impendo coactus nondum* libero aëre post discessum Tuum frui potui. Tuere, amice jucundissime, et amicitiam nostram, et quantum sine molestia Tua fieri* potest famam meam, atque in mentem revoca, si enim* hoc beneficii indigno, quod Deus nolit, exhibeas, nihilo secius summae mentis providentiam Tibi rebusque Tuis mei nomine vices reddituram esse*. Vale ac mentem inter labores ac languores corporis fluctuantem sincera responsione recrea. Salutem dico parentibus, sorori, fratri et Domino Gutbierio. Vale. Landeshuttae.

Grossjahnio nostro quoque salutem meam dicas et omnibus quos mihi notos nosti. Priori adjunge simul excusationem non datae ad illum epistolae, quam* a me impraesens capitis dolore impedito proxime accipiet.

14.
Amico singulari Christiano Jacobi amicus Günther salutem dicit.

Jucundissimae Tuae, frater oculis charior, quibus abitum doles, literae reficiunt animum ac corpus utrumque languentem; plenae sunt integritatis, fidei ac deliciarum omnium, quas non* mercenaria ac fucata*, sed purior amicitiae pietas in eorum animis nutrit, qui literarum sacris initiati votis ac desideriis invicem aequalibus coalescunt et senectutis suae ac praeteriti doloris solatium juvenili inter* mansuetiores musas consuetudine praeparant. Non literas pinxisti, frater sed* temetipsum ac animi tui sinceritatem. Agnosco vultus Deae hujus* rarissime conspiciendae, agnosco atque osculor. Novi indolem Tuam, novi ingenium et istam bonae mentis erga quemlibet praepensionem; o quid vellem charissimum caput! ut meo auxiliorum officio reipsa Tibi vel Tuis gratam animi significationem testari possim. Prohibet hanc pietatem rerum mearum angustia, et ilicet hoc prohibeat, prohibere tamen* nequit, quominus votis pro salute Tua datis nec non amore mutuo vices reddam. Gravissimi morbi impetum severiori regimine, id est* abstinentia et quiete declinavi quidem, sed* nondum propuli, vides amice! Sentio tandem aliquando tot laborum ac malorum sequelas, sentio exhaustas corporis vires et afflictum fere omnium membrorum robur ac vigorem. Quicquid tamen* haud corrigendum venit, patienter fero, ac in legibus providentiae omnipotentis acquiesco, hoc homini* a mente suprema modeste obsecrando, ut (nisi sapientiae suae aliud videatur) paucos adhuc annos necessitatesque sufficientes concedat homini industriam suam ac pietatem officiis* quibusdam eruditis Reipublicae libentissime comprobaturo. Jam in eo sum, ut omnia ante discessum ex patria expediam, quae mihi novas et vitae et loci et studiorum rationes inituro expedienda sunt. Inde est, quod in describendis et limandis, quae ad hunc usque diem confeci carminibus. Beuchelio instigante dies noctesque consumam, nullo quidem sanitatis labefactatae emolumento. Longius patri meo cecini carmen, iracundiam ejus, si Deo placet, leniturum et apud vos proxime typis excipiendum.

Mittam aut potius ipse afferam plures Musarum mearum foetus, quos pro humanitate Tua libello meo inserere* non denegabis. Ea autem omnia, quae* nondum inserta* sunt Tibi vero* a Boehmero concessa habes, quantocius quam fieri poterit. prioribus jam descriptis adjice. Noribergam [1] menti meae praecepi

---

1) Günther schwankte bei der Wahl seines künftigen Aufenthaltes merkwürdiger Weise zwischen Leipzig und Nürnberg. Auch N. p. 152 sagt er: „Wo mich die Pegnitz nicht aus Sachsen gar verbannt."

et medicum"? et mathematica studia tandem majori cum* ardore Deo auspice excolenda, certa spe fretus fore, ut posteritas me quoque vixisse resciat. Superabit et Tuae, frater charissime, integritatis nomen fati ac invidiae injurias, si nempe* aliqua pars mei Libitinam vitet, egoque moriar non totus. Per omne quod Tibi mihique sacrum est, praesentiam meam polliceor, quam Tu vix tanto ardore desideras, quo ego quidem tecum coram loqui exopto. Vale frater suavissime, uxori, parvulis, socero et ejus familiae salutem dico piam et submissam. Ibidem die Climacterico.

V.

Der Magister Fritsche von Goldberg hatte im Jahre 1720 eine Schmähschrift gegen Günther veröffentlicht unter dem Titel:

»Dissertatio moralis expendens odium de carminibus gratulantium metuendum sive: Moralische Betrachtung des wegen derer Gratulations-Gedichte zu besorgenden Hasses, welche auf günstige Erlaubniß einer hochlöbl. Philos. Facultät unter dem Praesidio des Hoch-Edlen Hoch-Achtbaren und Hoch-Gelahrten Herrn Prudentii Veri D. A. P. P. Ordinarii auf der weltberühmten Universität James-town anno MDCCXX den 10. Februar st. nov. 30. Januar st. vet. in Auditorio Philosophorum bey der S. . und F. . Verbindung öffentlich ventiliret und dem geneigten Urtheil der Anwesenden übergiebt Eremita Golojero Patrisque Filius, Sarmata med. et Phil. Stud.«

So albern wie der Titel ist das ganze, von Neid und niedriger Bosheit inspirirte weitschweifige und talentlose Machwerk des geistlichen Versifex. Wir führen nur ein Paar Proben dieser Reimerei an und suchen das Genießbarste aus.

Spricht einer: Neukirch schreibt den allerschönsten Reim,
So ist des andern Mund schon voller Gallenschleim,
Ja Günther denkt noch wohl was ihn vor Würmer bissen,
Wenn andere sein Lob in Neukirchs Namen schlüssen.

Mit Recht verdreußt es die, die jenen Abend-Klang,
(Da jener Lautenist vom Fingerhutte sang)
Auf dem Papiere sehn, daß solch: Bublerpossen
Dem Dichter edler Art in Sylb' und Reim geflossen.

Durchrenn' Geschicht' und Zeit, geliebter Lorbeer-Sohn!
Und geh der Wahrheit nicht als Desirteur davon.
Schreib Reime ohne Ruhm, denk' an Marsyens Pfeiffen,
So wirst du, wie du sollst, auf deiner Flöte greiffen.
Sprich nicht: dein Vers allein sei lebhafft, rein und schön,
Es möchte dir als wie Philammons Sohne gehn.
Prahl' nicht, du zeigtest erst das Beste der Gedichte,
Daß man nicht deine Kunst nach Silens Esel richte.
Nenn den nicht Choerilum, der nicht wie du verlangt,
Daß sein Poetengaul mit Hofschabracken prangt.

Jedoch verdenck mich nicht, als schrieb ich voller Neid,
Ein Vers, der wohl gesetzt, und manchen Geist erfreut,
Den schätz' ich gleichfalls hoch . . .
Ein Glückwunsch muß auch mir bei Lust- und Ehrentagen
Den Inhalt meiner Pflicht und meiner Reime sagen.
Steigt Damon höchst erfreut die Ehrenstufen auf,
So laß' ich meinem Kiel den ihm vergönnten Lauf.
Läßt mich ein Hochzeitsbrief den Tag der Trauung lesen,
So ist mein Wunsch und Vers der letzte nicht gewesen.

Günther schwieg ein Jahr lang still und machte nur gelegentlich in Briefen an Freunde[1] seinem Aerger über Fritsche Lust, der sich von einer gar nicht auf ihn gemünzten Satire[2] des Dichters getroffen gefühlt und dafür

---

[1] Vgl. den Alexandrinerbrief an Haas: Inedita I B. 141—156.
[2] Auf Adam Gorns Zurückkunft aus Leipzig (G. p. 385).

Rache genommen hatte. Erst als Fritsche mit seinen
Angriffen nicht nachließ, fertigte ihn Günther in seiner
Vertheidigungsschrift ab und verhöhnte ihn außerdem
noch in dem Gedichte auf die Gottwert- und Hornigische
Hochzeit (G. p. 461). Die Apologie gegen Fritsche
nahm sich der Dichter wahr um sich einmal gründlich
mit allen seinen Gegnern auseinanderzusetzen. Man
wird diese gewandte und in fließendem Deutsch abge-
faßte Schrift mit Vergnügen lesen. Wie Günther in der
Lyrik der Vorläufer Goethes war, so finden wir in seiner
Prosa schon einen Hauch Lessingschen Geistes.

Joh. Christian Günther's

nothwendige und rechtmäßige Beantwortung der Schmä-
hungen Magister Fritsche's in einer auf die S...
Hochzeit in Lauban verfertigten Charteque.

Salv. Hon.

Gern gelehrter Herr Magister!

Man hat so lange Friede, als der Nachbar will.
Mit diesem durch die Erfahrung bestättigten Satze ge-
traute ich mir leichte so wohl vor meinem Gewissen als
auch vor denen Augen der Wahrheit liebenden Welt alle
Satyrische Repressalien zu verantworten, wozu Ihr
mich in der bey der S... Hochzeit verfertigten und vor
dem Jahre in Lauban unter dem verkappten Nahmen
gedruckten Schmäh-Schrifft wider alles Vermuthen aus-
gefordert. Ich gestehe es aufrichtig, daß, sobald ich
diese abgeschmackte und mit lauter Pasquillanten-mäßigen
Ausdrückungen gefüllte Charteque zu Gesichte bekam, mein
alter Adam mich nicht wenig gereitzet. Euere unbesonnenen
Vorwürffe mit der wohlverdienten Striegel nach Hause

zu leuchten. Anfangs konte ich mich nicht so gleich besinnen, wann und womit ich Euch doch wohl an die Schellen gegriffen, biß ich endlich ohngefehr auf die Stelle gerieth, die ich in dem Promotions=Gedichte auff den Hrn. Dr. Gorn ohne einige Absicht Euch zu beleidigen mit eingerücket. Sagt mir aber, in welchem Collegio Hermeneutico Ihr wohl gelernet, daß der dort von mir angeführte Choerilus den S. H. Wohl=Edlen Groß=Achtbahren und Wohl=gelahrten Herrn M(agister) Fr(itsche) bedeute? Niemand hat es wenigstens von Euch verstehen können, niemand hat es auch meines Wissens Euch zum Nachtheil ausgeleget, und also zeiget es sich offenbahr, daß Ihr von derjenigen Art Leute seyd, die sich noch vor der Anklage zu entschuldigen suchen, und dadurch jedermann auf den Argwohn bringen, daß sie ihr eigenes Gewissen derjenigen Thorheiten überführe, die ohne Nennungen der Personen zu allen Zeiten und in jeden Rechten mit einer lustigen und poetischen Feder durchzuziehen erlaubt gewesen. Es ist schon ausgemacht: wenn man den Knüttel unter die Hunde wirfft und einen großen Räckel trifft, fängt er an zu schreyen. Diß Sprichwort wolte ich bey meiner Auffrichtigkeit auf Euch nicht gern appliciret wissen, wenn Ihr nur nicht selbst durch eine unzeitige Rachgier den Hasen so mercklich lauffen lassen. Die Ordnung befiehlet mir mich in etwas weitläufftiger zu erklähren. Gesetzt nun, ich hätte Eure Reimerey, welches doch nicht bewiesen werden kan, hönisch angegriffen; gesetzt auch, ich hätte Euren Versen die Belohnung, welche dort Alexander dem Choerilo an Nasen=Stiebern auszahlen ließ, gleichfalls zugedacht; ja gesetzt, ich hätte Euch gar in denen gründlichen Wissenschafften vor einen Ertzt=Ignoranten gescholten, so würdet Ihr deswegen doch auch nicht einmal eine scheinbahre Ursache gefunden haben, weder in Foro Theologico noch Civili mit meiner Muse einen Injurien=Proceß anzufangen. Euren Gegenbeweiß hättet Ihr vor dem Richter=Stuhle der gelehrten Welt mit unumstößlichen Gründen, richtigen Schlüssen und klahren Erfahrungen nebst deutlicher Darthuung meiner nach Eurer Einbildung Euch fälschlich Schuld gegebenen Einfalt führen können, wenn sichs anders der Mühe verlohnte, die vorhin mit unnützen Streitigkeiten aus allen Facultäten beschwehrten Buchdrucker-Pressen noch mehr abzunützen. Was habt Ihr also gegentheils nöthig gehabt, durch so viel ungerechte Lästerungen in oben angeführtem Pasquille meine Redligkeit, deren Ruhm ich einzig und allein wider alle Boßhafftige zu beschützen gedencke, so lächerlich anzugreiffen und die Menge meiner Feinde zu verstärcken, die, ich weiß nicht, aus wasserley Ursache auch sonder ihren eignen Nutzen mich schon von Schulen her so sinnreich zu verfolgen gewust, daß ich aller meiner gutten Meinungen und Bemühungen ungeachtet auch so gar bey denen besten Patronen mich niemahls aus dem Verdachte eines leichtsinnigen Gemüthes bringen können. Die Fehler und Gebrechligkeiten, so mir sowohl als allen nach Unterschied des Temperaments, des Alters und anderer Umstände anhängen, pflege ich an meinem Nechsten so gerne zu vertragen, als ernstlich ich wünsche, durch die Erkäntniß der Wahrheit mein redliches Gemüthe in Stand zu setzen, mit meinem schlechten und mir anvertrauten Pfunde Gott und der Welt einmahl zu dienen. Wir können freylich nicht alle große Kirchen-Leuchter abgeben, noch in dem gemeinen Wesen mit gleicher Fähigkeit und Würde die von dem Verhängniß ausgetheilten Ehren-Aempter bekleiden; unterdessen gehören zu dem Bau des vortrefflichsten Tempels kleine Füll-Steine und schlechter Sand so gutt als etwan große Quader-Stücke und ausgehauene Marmor-Säulen, und mit diesem Troste werde ich nimmermehr ermüden, auch unter denen abscheulichsten Nach-Reden meiner Mißgünstigen die Gemüths-Ruhe zu erhalten, die aus einem ehrlichen Vorsatze entspringet, meine und anderer zeitliche und ewige Glückseligkeit nach

Vermögen zu befördern. Hat die Uebereilung meiner Jugend und die noch nicht verrauchte Hitze der ersten Jahre sich so wohl in Wercken als schrifftlich dann und wann vergangen, so versichere ich hier öffentlich, daß es niemahlen aus Boßheit geschehen, und daß ich es hiermit jedem, den ich entweder durch Aergerniß oder andere Schwachheiten beleidiget, offenhertzig will abgebethen haben; indessen aber bin ich so wenig verbunden als gesonnen aus einer blöden Furcht und mir dann und wann schuld gegebener Weichlichkeit, alles ohne Unterscheid auf mir ersitzen zu lassen, womit sich die Tadelsucht vieler thörichten Verfolger an meinem jetzo ziehmlich gedrückten Zustande zu kitzeln gedencket. Das mir so wohl als allen angebohrne Recht der Natur erlaubt mir allemahl eine abgedrungene Gegenwehr, und wer meiner Ehre entweder aus Thorheit oder Mißgunst zu nahe tritt, der darf sich niemahls befremden lassen, wenn ich ihm zu meiner Entschuldigung die Larve vom Gesichte ziehe und mit einer schertzhafften Stachel=Schrifft die Feigen=Blätter von seiner Blöße reiße, die er durch Anderer Flecken zu verstecken gesucht. In dieser Absicht nahm ich mir damals vor Eure alberne Reime, gelehrter Hr. Magister, weitläufftig und mit guttem Grunde nach ihren Verdiensten zu hecheln; und die Arbeit wäre auch längst herumgeflogen, wenn nicht die vernünfftige Zuredung etlicher von Euren gutten Freunden bey mir so viel gewürcket, daß ich selbige zurück zu halten und Euch Eures künfftigen geistlichen Amptes wegen zu verschonen gäntzlich beschloß. Nach der Zeit habe ich nichts desto weniger hin und wieder hören müssen, wie hönisch Ihr Euch über meine Verschwiegenheit gekitzelt, und ich weiß nicht ob aus Einfalt oder Boßheit gerühmet, als ob ich wider Eure Beschuldigungen nichts einzuwenden hätte, und also Eurer scharffsinnigen Poesie (denn so habt Ihr sie selbst genennet) nichts taugliches entgegen zu setzen wüste. Hr. Magister, dencket doch, daß über dem Berge auch Leute wohnen.

besinnt Euch doch, daß auch Ihr nicht alle Weißheit
gefressen, und glaubt nur, daß wenn mir an dem Gelächter
über die von Euch begangenen Thorheiten viel gelegen
wäre, ich mich vor allen Euren orthodoxischen Drohungen
und Donner-Keilen so wenig fürchten würde als vor einem
aus 16 Postillen zusammen gestoppelten Praedicanten-
Eiffer. Eure grobe Feder setzet ausdrücklich auf die
Arbeit meiner Muse einen Hunde-Lohn[1]; o sparet doch
nur diese ungeschickte Ausdrückungen einmahl vor Eure
Dorff-Bauren, sie damit nach vieler Gewohnheit auff
der Cantzel sein deutsch zu erinnern und zu bestraffen,
wenn sie Euch einmahl in denen Decimis eine Handvoll
Haber zu wenig gegeben. Macht Euch doch nicht selbst
zum Huren-Advocaten, wenn Ihr der mit Recht von mir
gestriegelten Rhodope das Wort reden wollet.[2] Mein
Phoebus heißet Euch nur einen Krippen-Reuter: Wie
schöne reimt sich drauff, das schreibt ein Bären-Häuter.
Und habt Ihr ja so viel Geld im Vorrathe, meiner
Dürfftigkeit, der ich mich nicht schäme, damit zu trotzen,
so ist es gutt vor Euch, Ihr könnet desto eher einmahl
einen reichen Miethling abgeben, und andere, die Euch
bey ihrer Armuth an Verdiensten übertreffen, in denen
jetzigen Priester-Auctionen desto glücklicher überbiethen.
Wie man in den Wald schreyet, so schallet es wieder
heraus, und darum lasset es Euch nicht verdrießen, daß
ich auf Eure mir vorgeworffene Lügen Euch die Wahrheit in Prosa, das ist fein derb sage. Habt Ihr was
an meiner Poesie, deren Schwäche ich selbst gutt genug
erkenne, auszusetzen, so soll es mir lieb seyn, wenn mich
Eure bescheidene Erinnerungen bessern. Mein Gemüthe

---

1) „Ihr Mütter seid nur gut! — so rufte jener Sohn, der seinen
edlen Reim um einen Hunde-Lohn an Plissens Mägde ließ." Fritsche.

2) „Man schwatzt und weiß nicht wie? Bewiesen und gesagt, das
heißt recht Rhodopen mit jenem angeklagt; so aber schreibt man nur
zwei Strichel an die Flechte, als wenn man, gilt ein Spaß? zwei
Scheffel Lügen brächte." Fritsche.

hat von Natur einen Hang zu allen Künsten und Wissenschafften, welche den Witz, das Gedächtniß und den Willen des Menschen so wohl bessern als belustigen, und ich versichere, daß ich mich an nichts mehr vergnüge als in diesen gelehrten Uebungen mich mit meinesgleichen vernünfftig zu besprechen. Schul-Gezäncke und unnöthige Grillenfängereyen lerne ich nach und nach mehr verachten, dabey aber auch geduldig leiden, daß ein und ander Pedante seinen angebohrenen Hochmuth mit der Verachtung meines Fleißes kitzelt. Euer Urtheil ist noch lange nicht das Urtheil aller klugen und ehrlichen Gelehrten, und darum klettert mit Euren Einbildungen am Parnaß nur nicht zu hoch und hitzig. Ihr möchtet sonst einen unglücklichen Gänse-Steiger abgeben, und oben nicht so sicher hinüber kommen, als etwan die lastbahren Thiere durch die unwegsame und enge Höhe der Alpen-Gebürge. Die Alten sagten: es wäre ein Jedweder Zeit Lebens einen Narren schuldig. Lasset seyn, daß auch ich, wie Ihr meinet, solchen bezahlet, als ich mir das gekrönte P.[1]) aus unbedachtsamer Begierde an den Nahmen flicken lassen; verdiene ich mir den Titul eines Poeten nicht durch die Vollkommenheit meiner Muse, so verdiene ich ihn vielleicht durch Lust und Liebe zu dieser Kunst so gutt, als Ihr Eure Magister-Kappe, unter welcher doch wohl auch die Weißheit nicht alleine nisten wird. Concordantien reuten, Pillen drechseln und sich mit Acten tragen, ist noch keine zulängliche Bemühung zu dem Nutzen der Republic das Seinige beizutragen. Und daß ich hierbey zufälliger Weise auch meine Liebe zu dem Studio Medico vertheidige, so hat es mich vielmahl nicht wenig gewundert, daß Leute meines Handwercks hinter dem Rücken so unverschämt mich beschuldiget, als wenn ich nur allemahl

---

1) Günther hat einige seiner Hochzeitscarmina mit Poët. Laur. Caes. unterzeichnet, einem Titel, den er auf Grund seines Gedichtes an den Prinzen Eugen sich zugelegt hatte.

an so genannten Galanterie=Studiis die Zeit vertorbe[n]
und aus Nachläßigkeit meinen Zweck, die Gesundhei[t]
meines Nechsten einmahl zu bedienen, aus den Auge[n]
gesetzet. Müßte ich hier nicht aus Bescheidenheit und au[s]
Furcht mich in den Argwohn des Eigenlobes zu bringen,
inne halten, so wolte ich mit denen stärksten Beweiß=
Gründen vor denen Augen aller Welt manchen hoch[=]
eingebildeten Herren mit dem großen D. ziehmlich be[y]
der Nase zupffen und denen in dieser Sache erfahrene[n]
zur Entscheidung überlassen, mit was vor Gewissen s[o]
mancher Cursiste, der ohne die Erkäntniß der natürlichen G[e=]
setze und Bewegungen in dem natürlichen Cörper, ohn[e]
die Uebung der Kräffte des Verstandes in gründliche[n]
Schlüssen, aus den 3 Academischen Lehr=Jahren nicht
mehr als ein Packt abgeschriebener Recipe mit nach Hau[ß]
bringet, mit was vor Gewissen, sag ich, ein solche[r]
Marckt=Schreyer hernachmahls ohne Unterscheid den ge[=]
fährlichsten Patienten der gewissen Genesung auch offte[rs]
mit den größten Schwüren versichern könne; hiervo[n]
wird ein andermahl Zeit seyn zu sprechen. Jetzo ersuch[e]
ich nur der Christlichen Liebe wegen meinen Hochgeehrte[n]
Herrn Magister, mich, der ich allen Groll bey Sei[t]
setze, mit solchen groben und unvernünfftigen Zänkerey[en]
zu verschonen, als auff welche ich mit diesem gegenwä[r=]
tigen Blat, einen gleichmäßigen Keil setzen müssen. Me[in]
Vorsatz ist, weder ihm noch anderen ohne gegebene U[r=]
sache zu nahe zu treten. giebt man mir aber mit Gewa[lt]
die Schleuder in die Hände, so kan mir niemand ve[r]
argen, wenn ich, der Goliath sey noch so groß, als e[r]
wolle, mich zu beschützen alle Kräffte zusammen nehm[e]